한국의
젊은
임원들

한국의 젊은 임원들

초판 1쇄 인쇄 | 2021년 10월 21일
초판 1쇄 발행 | 2021년 10월 28일

지은이 | 이종현·이윤정
펴낸이 | 박영욱
펴낸곳 | 북오션

편　집 | 권기우
마케팅 | 최석진
디자인 | 서정희·민영선·임진형
SNS 마케팅 | 박현빈·박가빈
유튜브 마케팅 | 정지은

주　소 | 서울시 마포구 월드컵로 14길 62
이메일 | bookocean@naver.com
네이버포스트 | post.naver.com/bookocean
페이스북 | facebook.com/bookocean.book
인스타그램 | instagram.com/bookocean777
유튜브 | 쏠쏠TV·쏠쏠라이프TV
전　화 | 편집문의: 02-325-9172　영업문의: 02-322-6709
팩　스 | 02-3143-3964

출판신고번호 | 제2007-000197호

ISBN 978-89-6799-639-0 (03320)

오너, 펠로우가 아닌 진짜 리더를 말하다

한국의 젊은 임원들

이종현 · 이윤정 지음

북오션

40대에 부자가 될 수 있는 가장 확실한 방법

'욜로' '소확행' '탕진잼'이 '2030' 젊은 세대를 대표하던 때가 있었다. 먼 과거의 일도 아닌 불과 2, 3년 전부터 퍼진 용어다. TV를 틀면 욜로를 콘셉트로 한 프로그램이 나오고, 길거리를 걷다가도 소확행을 내세운 광고를 흔히 볼 수 있었다. 하지만 욜로 열풍은 영원하지 않았다.

이제는 욜로나 소확행, 탕진잼 같은 말을 찾아보기 쉽지 않다. 오히려 정반대의 말이 많다. '욜로하다가 골로 간다' 같은 말이다.

청년들은 더 이상 소확행이나 탕진잼을 이야기하지 않는다. 그럴 시간에, 그럴 돈을 아껴서 주식과 비트코인을 공부한다. '2030' 젊은 세대의 방향 전환은 이렇게나 급격하게, 그리고 확실하게 이뤄졌다.

최근 '파이어족(Financial Independence, Retire Early + 族, 경제자립을 이룩해 조기은퇴한 사람)'이 부상하는 것도 같은 맥락이다. 이제 막 사회생활을 시작한 청년 세대는 직장에서의 성공이나 승진을 꿈꾸지 않는다. 그들에게 임원이나 CEO는 사막의 신기루 같은 이야기다. 그보다는 주식이나 비트코인, 부동산 같은 투자를 통해 자산을 불리는 데 집중해 젊은 나이에 은퇴를 꿈꾼다. 승진을 포기하는 대신 빠르게 자산을 모아 40대 초반에 은퇴하는 걸 인생의 목표로 삼는 것이다. 취업포털 인크루트가 직장에서 가장 이루고 싶은 목표로 승진과 정년보장, 창업준비 세 가지 중 한 가지를 꼽아달라 했을 때 정년보장이 52%로 1위를 차지한 것은 이를 뒷받침한다. 승진을 택한 비율은 19%로 창업준비(25%)보다도 낮았다.

청년 세대는 확실히 '욜로'에서 '파이어족'으로 갈아타고 있는 것처럼 보인다. 하지만 이런 환승 전략이 과연 정답일까. 파이어족으로 갈아탄 청년 세대는 그들이 목표로 하는 여유롭고 풍족한 삶이라는 목적지에 무사히 도착할 수 있을까.

경제기자인 필자들은 은행이나 증권사의 PB(프라이빗 뱅커)들을 만날 일이 잦다. 고액자산가의 자산을 관리해주는 PB들은 최고의 '부자 전문가'다. 이들에게 청년 세대의 '파이어족' 전략이 성공할 가능성을 물었다. 대답은 간단명료했다.

"부모가 부자거나 물려받을 재산이 많다면 성공할 확률이 높지만, 그렇지 않다면 실패할 확률이 높습니다."

이유는 뭘까. 파이어족을 꿈꾸는 청년 세대가 기댈 것은 자산 가치의 상승뿐이다. 그렇지만 물려받은 게 많지 않은 이상 이들은 얼마 되지 않는 노동소득을 종잣돈 삼아 주식이나 비트코인 투자에 나설 수밖에 없다. 이 부분에서 많은 PB가 고개를 젓는다. 주식이든 비트코인이든 자산소득을 높이기 위해서는 레버리지를 최대한 일으켜야 한다. 하지만 이제 막 사회생활을 시작한 청년 세대가 유의미한 수준의 투자가 가능할 만큼 레버리지를 일으키는 건 불가능하다. 결국 많은 청년이 얼마 안 되는 돈으로 이런저런 주식이나 암호화폐에 넣었다 뺐다를 반복하다 자산을 제대로 불릴 기회를 놓칠 거라는 게 PB들의 설명이었다.

듣기만 해도 가슴이 답답해지는 소리였다. 이야기를 들을수록 필자들의 얼굴이 굳어지는 게 느껴졌는지 PB 한 명이 조금 다른 이야기를 꺼냈다. 부모에게 물려받을 재산이 없더라도 40대 후반에 우리 사회가 이야기하는 '부자'가 될 방법이 있다는 것이었다.

그 방법이 대체 뭘까. PB에게 물었더니 그는 이렇게 말했다.

"회사에서 최대한 빨리 임원을 달면 됩니다."

임원. 과거에만 해도 직장인이라면 누구나 임원을 꿈꿨다. 정년이 보장되고 평생직장이라는 말이 유효하던 시절이다. 그때는 누구나 자신이 처음 입사한 회사에서 임원이 되고 싶어 했다. 하지만 지금은 21세기 아닌가. 정년도, 평생직장도 사라진 지 오래다. 그런데도 임원이라니, 이 무슨 시대착오적인 발상인가.

그렇지만 PB는 차분하게 설명했다. 그는 임원이 되면 세 가지 관점에서 자산을 모으는 데 큰 이점이 있다고 했다.

첫째, 노동소득의 상승이다. 기업 임원은 누가 뭐래도 가장 많은 연봉을 받는 직업이다. 한국고용정보원이 발간한 '2018 한국직업 정보'에 따르면 기업 고위임원의 평균소득은 1억5367만원으로 전체 직업 중 1위였다. 국회의원(1억4052만원), 외과의사(1억2307만원), 항공기 조종사(1억1920만원)가 뒤를 따랐다. 평범한 직장인이 국회의원 배지를 달거나 의사가 되거나 파일럿이 될 가능성은 없다. 하지만 일을 잘해서 인정받는다면 임원은 될 수 있다.

둘째는 레버리지 효과의 극대화다. 투자의 기본은 레버리지다. 월급을 받아서 한 달 동안 쓰고 통장에 남는 50만원으로 주식 투자를 하는 게 아니다. 약간의 이자나 부담을 감수하더라도 투자

수익을 극대화하려면 레버리지를 일으켜야 한다. 직장인이 레버리지를 극대화하는 가장 효과적인 방법은 임원이 되는 것이다. 돈을 빌려주는 은행 입장에서도 업무 성과가 변변치 않은 만년 과장보다는 젊은 나이에 승승장구해서 임원이 된 이들에게 곳간 문을 더 많이 열어준다. 임원이 되면 그저 연봉만 오르는 게 아니다. 금융회사에서 당신을 더 기꺼이 반갑게 맞아줄 것이다. 더 많은 돈을 빌릴수록 더 많은 수익을 낼 가능성이 커진다.

마지막 이유는 간단했다. 필자들이 만난 PB는 "기업의 임원은 세상을 보는 눈이 남들과 다르다"고 했다. 한 기업에서 '별의 자리'라고 불리는 임원까지 오른 이들은 남들과 다른 자신만의 강점이 있기 마련이다. 여기에 더해 임원이 되면 누릴 수 있는 수많은 부수적인 혜택이 있다. 기업은 임원들에게 정기적으로 리더십 수업을 제공한다. 임원들은 조찬 모임이나 각종 세미나, 컨퍼런스를 통해 여러 분야의 전문가와 교류할 수 있다. 돈으로 환산할 수 없는 이런 자산은 나중에 임원이 기업을 나와 새로운 도전에 나설 때 든든한 버팀목이 된다.

젊은 나이에 임원이 되면 그만큼 퇴사 시점도 빨라진다고 엄살을 떠는 사람들도 있다. 이런 엄살을 떠는 사람들 중에 젊은 나이에 임원이 된 사람을 본 적은 없다. 그들이 임원 자리를 마다해서일까? 아니다. 실력과 도전하는 마음가짐이 없어서다.

"꼰대는 싫어요. 그런데 멘토는 필요해요."

이 책은 젊은 나이에 임원이 된 13명의 인터뷰를 담고 있다. 필자들이 만난 한국의 젊은 임원들은 빠르게는 20대 후반에서 늦어도 40대 초반에는 임원이 됐다. 다양한 업종, 다양한 조직, 성별까지 감안해 인터뷰 대상자를 선정했다. 이들은 자신들이 어떻게 임원의 자리에 올랐는지부터 시작해 운명을 함께할 회사를 어떻게 골랐는지 솔직하게 이야기했다. 많은 직장인이 궁금해하는 워라밸(워크-라이프 밸런스, Work-Life Balance)과 승진의 상관관계, 이직의 기준, 회사 안에서의 인간관계 비법 등에 대해서도 자신들의 이야기를 가감 없이 털어놨다. 이들의 이야기는 이제 막 사회생활을 시작하는 청년들에게, 그리고 직장생활이라는 미로에서 길을 잃고 헤매는 이들에게 미궁을 빠져나오게 도와주는 아리아드네의 실이 될 수 있을 것이다.

필자들이 만난 임원들의 하루는 요새 말로 빡셌다. 이들은 아침 일찍 출근해 새벽 2~3시까지 일하는 걸 마다하지 않았다. 주말에 일하는 걸 당연하게 여겼고, 휴가는 등 떠밀려서 가는 경우가 대부분이었다. '번아웃'이 와도 이상하지 않을 삶이지만 오히려 이들의 얼굴에서는 미소가 떠나지 않았다. 이들이 공통되게 말하는 건 '일이 즐겁다'였다. 자신이 좋아하고 즐기는 것을 일로 삼은 이들도 있었고, 좋아하는 분야가 아니지만 성과를 내고 그에 걸맞은 보상을 받는 것에서 재미를 느끼는 경우도 있었다. 어떻든 간에 이들은 일이 재밌다고 했다. 이들처럼 일이 재밌는 이들에게는 워라벨이라는 단어가 무용지물이었다.

이들은 꼰대일까. 아마도 이들이 몸담고 있는 회사의 누군가는 이들을 꼰대로 생각하고 있을 수도 있다. 하지만 중요한 건 필자들이 만난 13명의 임원들이 또다른 누군가에게는 '롤모델'이자 '멘토'가 되어줄 수 있다는 것이다. 꼰대에 관한 한 설문조사를 보면 응답자의 70%가 "주변에 꼰대라고 생각하는 사람이 있다"고 답했다. 동시에 응답자의 70%가 "인생에서 멘토가 필요하다"고 답했다.

세상에는 꼰대가 많다. 그런데 멘토는 필요한 만큼 충분하지가 않다. '꼰대'라는 소리에 질려버린 직장상사나 임원, 시니어들은 청년 세대와의 대화에서 입을 닫는다. 청년 세대는 '꼰대'에서 자유로워졌지만 동시에 '멘토'를 잃었다. 이책은 멘토를 찾는 이들을 위한 책이다. 파이어족을 꿈꾸고 직장에서의 승진은 필요없다고 여기면 여기서 책을 덮어도 된다. 그러나 앞에서 언급한 PB의 조언대로 최대한 빨리 임원이 되고 싶다면 이 책에 소개된 임원들의 이야기를 눈여겨볼 필요가 있다.

우리의 꿈은 현재진행형이다

필자들은 총 13명의 임원을 만났다. 대기업부터 금융회사, 스타트업 임원까지 다양한 분야를 아우른다. 김수연 LG전자 수석전문위원(상무)은 1980년생이다. 디자이너로는 이례적으로 빠르게 승진했다. 2019년 구광모 체제가 들어선 이후 적극적으로 세대교체에 나서고 있는 LG그룹의 '30대 임원' 중 한 명이다. 김숙진 CJ제일제당 상무는 1981년생으로 역시나 CJ그룹 세대교체의 선봉에 서 있다. 한국인이라면 안 먹어본 사람이 없을 '비비고' 만두의 성장을 이끈 공로를 인정받았다.

지금 한국에서 가장 핫하고 모두가 꿈꾸는 직장인 네이버와 카카오 임원들의 이야기도 있다. 카카오에 개발자로 합류했다가 카카오페이 대표가 된 류영준 대표를 직접 만났다. 역시 개발자 출신으로 네이버 최연소 임원(책임리더)이 된 정민영 네이버 클로바 책임리더의 인터뷰도 담겨 있다. 두 사람은 카카오와 네이버에서의 직장생활, 그리고 개발자로서 임원이 되는 것에 대해 허심탄회하게 이야기를 전했다.

많은 이들이 보수적이라고 생각하는 금융권과 제약업계에도 젊은 임원이 있다. 유기숙 한국씨티은행 전무는 30대에 SC제일은행에서 임원이 됐다가 한국씨티은행으로 이직하며 직급을 낮췄다. 이후 한국씨티은행에서 다시 40대 초반에 임원을 단 입지전적인 인물이다. 이인섭 상상인저축은행 대표는 신입사원 때 "30대에 임원을 달겠다"는 목표를 세웠고 실제로 30대에 임원이 됐다. 40대가 된 지금은 회사의 대표가 됐다. 전승호 대웅제약 대표는 마흔세 살에 대표의 자리에 올랐다. CEO 평균 연령이 만 60세인 제약업계에선 파격적인 일이다. 오너가 아닌 인물로는 최연소였다. 한때 국민 속옷 회사로 불렸지만 청년 세대에게 외면받으면서 매출이 급감했던 쌍방울은 40대 초반의 김세호 대표를 전격 발탁하면서 젊은 회사로 탈바꿈하고 있다. 김세호 대표는 차장에서 대표이사까지 불과 4개월 만에 승진했다.

청년 세대가 많은 관심을 가지고 있는 스타트업 임원들도 만났다. '마켓컬리'를 운영하는 컬리의 박은새 크리에이티브 디렉터, '배달의민족'을 운영하는 우아한형제들에서 임원을 하다가 다시 창업에 나선 연쇄창업가 이진호 슈퍼메이커즈 대표, 역시 여러 스타트업을 성공시킨 마케팅 전문가 최정원 그린랩스 본부장이다. 이들은 30대라는 젊은 나이에 자신의 분야에서 일가를 이뤘고, 스타트업에서 실력을 인정받으며 대기업 임원 못지 않은 삶을 살고 있다. 필자들이 만난 가장 젊은 임원은 슬릭코퍼레이션의 노대원 이사였다. 1992년생인 노대원 이사는 현실적인 측면에서 스타트업에서의 일과 생활에 대해 들려줬다.

마지막으로 만난 정태희 리박스컨설팅 대표는 인사관리(HR)

전문 컨설팅 업체의 대표다. 정 대표는 HR 전문가의 입장에서 젊은 나이에 임원이 되기 위한 방법에 대해 자세하게 설명해줬다. 무엇보다 정 대표 본인이 30대에 외국계 기업에서 임원이 된 '1세대 젊은 임원'이기도 하다. 정태희 대표는 누구보다 솔직하고 군더더기 없이 필자들의 궁금증을 해소해줬다.

필자들이 만난 13명은 커리어가 끝나고 은퇴를 한 사람들이 아니다. 모두가 현장에서 임원으로, 대표로 하루하루 치열한 삶을 살고 있다. 이들의 꿈은 현재진행형이다. 그렇기에 이들의 이야기가 지금 막 커리어를 시작하는 젊은 직장인들에게 확실한 롤모델이자 멘토가 될 수 있는 것이다.

이 책은 임원을 꿈꾸는 직장인만을 위한 것은 아니다. 직장인이 아니거나 프리랜서로 활동하거나 자기 사업을 하는 사람들도 이 책에서 얻어갈 수 있는 게 있다고 생각한다. 중요한 건 지금 우리가 하는 일이 정말 자신이 하고 싶어서 하는 것이냐가 아닐까. 진정으로 좋아하는 일을 하고 있는 것인지, 아니면 그런 일을 찾을 생각이 있는지가 중요하다. 독자 여러분이 이 책을 읽으며 직장 안에서의 승진이 아닌 인생에서의 승진을 이룰 수 있는 힌트를 찾아낸다면, 필자들의 목표는 이뤄진 셈이다.

책을 쓸 수 있는 기회를 준 박영욱 북오션 대표를 비롯한 출판사 관계자, 그리고 조선비즈 식구들에게도 감사의 마음을 전한다.

차 례

4 들어가는 말

1부
**배우고,
계획하고,
실행에
올인하라**

18 방앗간집 손녀딸, 비비고 만두에 미치다
김숙진 CJ제일제당 상무

41 효율적 성공을 위한 준비물은 나침반…
목적지부터 설정하라
류영준 카카오페이 대표

60 속옷 영업왕, 국민 속옷 회사 대표되다
김세호 쌍방울 대표

78 첫 번째 ★ 젊은 임원들에게 물었다 ★
임원이 되려면 워라밸을 포기해야 할까요?

2부
**구체적인
꿈을 꾸고,
성장을
즐겨라**

84 재봉질이 서툴렀던 패션학도, 글로벌 은행
임원이 되다
유기숙 한국씨티은행 전무

106 눈앞의 보상보다는 평생 가치를 생각하라
정민영 네이버 클로바 기술 리더

128 연쇄창업러의 성공 비결… 배수진은 필패다
이진호 슈퍼메이커즈 대표

150 두 번째 ★ 젊은 임원들에게 물었다 ★
이직은 언제 어떻게 해야 할까요?

3부
**관계에는
적당한 거리와
확실한 선이
필요하다**

156 끊임없이 시도하라,
성공이 당신을 기다리고 있다
전승호 대웅제약 대표

171 자신의 인생을 체계적으로 디자인하라
김수연 LG전자 상무

190 마켓컬리를 디자인한 건축학도,
K-푸드 세계화를 그리다
박은새 컬리 크리에이티브 디렉터

215 세 번째 ★ 젊은 임원들에게 물었다 ★
회사에서의 인간관계, 어떻게 유지해야 하나요?

4부
**리스크에
도전하고,
매 순간을
관리하라**

222 신입사원의 남다른 목표, 현실이 되다
이인섭 상상인저축은행 대표

239 스타트업은 작은 회사다… 환상을 버려라
최정원 그린랩스 마케팅본부장

256 일하고 싶은 스타트업을 주식 투자하듯이
고르세요
노대원 슬릭코퍼레이션 이사

279 외국계기업 최연소 여성 임원은
왜 이금희 스토커가 됐을까
정태희 리박스컨설팅 대표

300 네 번째 ★ 젊은 임원들에게 물었다 ★
다른 부서 일에 관심을 가졌다가 오지라퍼
소리를 들으면 어떡하죠?

방앗간집 손녀딸, 비비고 만두에 미치다
김숙진 CJ제일제당 상무

효율적 성공을 위한 준비물은 나침반… 목적지부터 설정하라
류영준 카카오페이 대표

속옷 영업왕, 국민 속옷 회사 대표되다
김세호 쌍방울 대표

1부

배우고, 계획하고, 실행에 올인하라

방앗간집 손녀딸,
비비고 만두에 미치다

김숙진 CJ제일제당 상무

2020년 국내 냉동만두 매출액은 5455억원에 달했다. 전년 대비 7.4% 늘었다. 신종코로나바이러스감염증(이하 코로나19) 사태로 집에 있는 시간이 늘면서 냉동만두를 찾는 사람도 많아졌다. 냉동만두의 절대강자는 국내 최대 식품기업인 CJ제일제당이다. 국내 냉동만두 시장에서 CJ제일제당의 시장점유율은 45.9%로 거의 절반에 육박한다. 그 뒤를 풀무원식품과 해태제과가 따르고 있다.

CJ제일제당에 냉동만두의 왕좌를 안겨준 건 2013년 출시된 '비비고 왕교자'다. 비비고 만두 시리즈는 2020년 해외 매출을 포함해 매출 1조원 시대를 열었다. CJ의 비비고 식품 브랜드 전체 매출의 절반을 냉동만두가 만들어냈다. 이제 '냉동만두=비비고'가 당연한 공식처럼 쓰인다.

하지만 불과 8년 전만 해도 그렇지 않았다. 지금은 3위로 밀려난 해태제과의 '고향만두'가 냉동만두의 절대강자로 군림하던 시절이 있었다. 식품업계에서는 어지간해선 1위 브랜드가 바뀌지 않는다. 수많은 라면이 출시됐지만 신라면이 1위를 놓치지 않는 것처럼 말이다. 그런데 비비고는 어떻게 고향만두를 제칠 수 있었을까. 냉동만두계 일대혁명의 중심에 바로 이 사람, 김숙진 CJ제일제당 상무가 있었다.

Q 비비고의 성공 신화를 일궈낸 주역 중 한 명이다. '비비고의 어머니' 같은 수식어도 붙는다. 비비고를 만들던 때의 이야기를 듣지 않을 수가 없다.

A "성장해온 과정을 돌이켜 보니, 안전한 곳에 있으면 지겨워하고 다른 데 한눈을 팔았다. 성장할 수밖에 없는 환경에 두면 자발적이든 수동적이든 어떻게든 문제를 해결하고 살아남으려고 했다. 2013년에 비비고팀에 발령받았을 때도 그 팀은 신설조직이었다. 위에 상무가 한 명, 팀원은 4명이 전부였다.

비비고팀을 맡은 상무가 조미료 사업을 맡다가 비비고팀을 맡게 됐다. 같이 일할 사람을 찾는데 아무도 하고 싶어 하지 않던 기억이 난다. 나는 마케터로서 내게 없는 무기를 획득할 수 있는 기회라고 생각했다. 나를 성장시킬 기회이니 무조건 가야겠다 싶었다."

비비고 만두는 2013년 12월 출시됐고 불과 4개월 만에 시장점유율 1위를 차지했다. 김숙진 상무는 2014년에 냉동만두로만 연매출 1조원을 달성하는 시대가 올 것이라 예상했다. 2020년 비비고 만두의 국내외 매출이 1조원을 넘어서면서 김숙진 상무의 예상은 현실이 됐다.

김숙진 상무는 '비비고 만두'뿐 아니라 육가공팀장 시절에는 '더 건강한햄 브런치 시리즈' '통 시리즈'를 연속으로 히트시켰다. 에어프라이어가 일상 아이템으로 자리 잡을 거라 예측하고 고메 돈가스, 치킨, 피자 제품을 에어프라이어에 맞게 재탄생시킨 것도 김숙진 상무의 공이다. 김숙진 상무는 이런 공을 인정받아 2020년 말 임원으로 승진했다. 1981년생인 김숙진 상무의 나이 서른아홉에 국내 최대 식품기업의 임원이 된 것이다.

일이 즐겁다면 워라밸은 중요하지 않다

Q 대기업 임원의 삶이 궁금하다. 과거 삼성그룹이나 현대그룹 임원들은 새벽 일찍 나와서 회장과 회의를 하고 밤늦게까지 술자리를 가졌다고 하던데, 21세기 대기업 임원의 삶은 어떤가?

A "임원이 되기 전에는 솔직히 말해서 오전 8~9시쯤 출근해서 다음날 새벽 2~3시까지 일하는 게 기본이었다. 그때는 '주 7일' 일하는 게 일상이었다. 주말 중 하루는 매장을 돌면서 제품을 점검하고, 일요일에는 출근해서 4시간 정도는 일했던 것 같다. 석사 생활을 3년 하면서 연구실에 거의 살았던 적이 있어서 이런 생활이 그렇게 괴롭게 느껴지지는 않았다. 석사 과정 때는 라꾸라꾸 침대에서 한두 시간만 자면서 계속 연구하고, 공부하는 게 일상이었다.

임원이 되고 나서도 하루 일과나 스케줄, 업무 시간 자체는 크게 달라지지 않았다. 다만 마음가짐이나 관점이 바뀌었을 뿐이다. 내가 맡은 일뿐만 아니라 다른 부서의 일에도 관심을 가지고 시너지를 어떻게 낼지 고민해야 하니까."

Q 새벽 2~3시까지 일하고 다음날 근무하는 삶이 지속가능한가? 워라밸이 완전히 무너지는 것은 아닌지 걱정된다.

A "일이 워낙 재밌어서 괴롭다는 생각을 해본 적이 없다. 내가

생각했던 가설이 검증되고, 실제 보고서로 나오고, 제품으로 나오고, 성과가 나는 과정에서 성취감을 많이 느꼈다. 워라밸을 포기한 게 나의 성장에 기여했느냐고 묻는다면 '그렇다'고 대답할 것이다. 본인이 재미있고 너무 즐거워서 나의 개인 시간을 줄여가면서 일하는 건 나쁜 것이 아니다. 본인의 기준에서는 즐거운 일에 시간을 더 늘려나가는 것이니 그런 사람에게는 워라밸을 지키라고 할 필요가 없다. 누구든 자신이 집중하는 영역이 있다. 그런 영역을 찾으면 옆에서 뜯어말려도 자신의 시간과 노력을 투자하게 된다. 중요한 건 스스로 엔돌핀이 도는 일을 찾는 것이다.

나도 억지로 워라밸을 맞추려고 노력해보기도 했다. 오후 6~7시에 퇴근하고 운동도 하고 책도 읽는 생활을 해본 적이 있다. 그런데 그런 생활이 즐겁지가 않았다. 일에만 매달리는 삶에서 벗어나려고 했더니 오히려 재미가 없다고 다른 이에게 고민 상담을 했더니, 굳이 억지로 노력할 필요없다는 대답을 듣고 원래의 삶으로 돌아왔다. 물론 주 52시간제 시행 이후에는 오후 7~8시에는 퇴근하고 있다. 대신 집에서 하고 싶었던 일을 계속하는 편이다.

성공하기 위해 무조건 워라밸을 포기해야 한다고 생각하지는 않는다. 최근에는 기존의 성공 방정식이나 프레임을 깨는 성공 사례가 많아졌다. 기존 산업이 아니라 파괴적인 혁신이 주도하는 시장이나 산업에서는 워라밸을 지키면서 성공할 수 있는 다른 방법도 있지 않을까 하고 생각해보기는 한다."

Q 아무리 일이 즐거워도 몸이 버티지 못할 것 같은데?

A "다양한 운동을 하고 있다. 수영은 2004년부터 시작해서 CJ에 입사하기 전까지 매일 한 시간씩 했다. CJ에 와서는 크로스핏을 꾸준히 한다. 운동은 체력적인 부분에서도 도움이 되지만, 영감을 얻는 데도 도움이 된다. 영감을 얻기 위해 중요한 게 '생각의 성실함'이다. 어떤 문제가 있을 때, '다른 분야에서는 어떻게 하지?' '미국의 식품회사라면 어떻게 할까?' 그런 생각을 꾸준히 해본다. 성실하게 생각하는 게 중요하다. 수영을 하는 사람은 알 텐데, 물 안에서는 아무 소리도 들리지 않으니까 그 시간에 여러 가지 생각을 한다. 크로스핏도 비슷하다. 크로스핏은 템포를 올리다보면 아무런 생각이 안 든다. 그렇게 머릿속을 백지로 만들고 나면 새로운 아이디어를 그리기가 쉬워진다."

김숙진 상무는 CJ제일제당의 최연소 상무 타이틀을 달았지만 CJ 공채 출신이 아니다. 김숙진 상무의 첫 직장은 식품과 아무런 관련이 없어 보이는 칸타코리아(옛 TNS코리아)였다. 칸타코리아는 기업의 마케팅 활동을 위한 시장조사를 해주는 회사다.

Q 첫 직장이 CJ제일제당이 아니었다. 시장조사업체를 첫 직장으로 택한 이유가 있을까?

A "새로운 걸 알고 경험하고 배우는 걸 좋아한다. 어떤 사람이 어떤 행동을 하면 그 이유를 깊게 분석하는 것도 좋아한다. 그래서 대학에서 전공도 사회학과 심리학을 택했다. 그러다 보니 시장조사업체, 컨설팅 회사가 매력적으로 느껴졌다. 2~3개월에 한 번씩 내가 해결해야 할 문제가 주어졌다. 산업도 달라지고 국가도 달라졌다. 그럴 때마다 어떻게 해야 이 문제를 풀 수 있을까, 이 사람들은 왜 이렇게 생각하고 행동할까, 이런 고민을 담은 보고서를 쓰는 일을 했다. TNS와 닐슨 두 가지 선택지가 있었는데, TNS가 조금 더 글로벌한 조사가 많고 조사방법론도 다양하다고 생각해서 TNS를 택했다."

이직의 목적은 돈도 아니고 직급도 아니다

Q TNS코리아에서 과장으로 특진을 했는데, CJ제일제당에는 대리로 이직했다. 보통 이직은 직급을 높여가려고 하지 않나? 직급을 낮추면서까지 이직을 한 이유가 궁금하다.

A "TNS 다닐 때는 시간이 가는 것도 모를 만큼 재미있게 회사 생활을 했다. 1년에 절반은 해외에서 리서치를 하면서 5년을 보냈다. 미국, 영국, 일본, 프랑스, 독일, 인도, 인도네시아 등 TNS에서 일하면서 갔던 나라만도 열 손가락에 꼽을 정도다. 그런데 그렇게 열심히 조사보고서를 쓰다 보니 문득 궁금해졌다. 내가 이렇게 열심히 쓰는 보고서로 클라이언트는 어떤 의사결정을 하고 있을까. 어떤 전략을 짜기에 이런 제품을 만드는 걸까. 당시 내가 맡았던 클라이언트 중에 삼성전자, LG전자가 있어서 해외에 시제품을 들고 나가 현지 소비자 반응을 살피는 작업도 많았다. 그런 일을 하면서 우리 제품을 글로벌시장에서 파는 것도 '사업보국'의 한 길이구나 하는 생각도 했다. 그렇게 '시장조사' 분야에서 제품을 직접 만들고 파는 '클라이언트' 분야로 가야겠다고 결심한 것 같다."

Q LG전자나 삼성전자가 아닌 CJ제일제당의 경력 공채에 지원했다. 왜 CJ제일제당이었나?

A "내가 방앗간집 손녀다(웃음). 어떤 산업을 고를까 고민했는데 답은 너무 명확했다. '식품' 산업이었다. 할아버지와 할머니가 방앗간을 해서 원래부터 집안사람들이 음식에 관심이 많았다. 아버지는 입맛이 까다로워서 김치는 갓김치, 백김치

만 먹었고, 생선은 생물만 고집했다. 그렇게 자라서인지 나도 버는 돈의 대부분은 맛있는 것을 먹는 데 썼다. 맛집으로 꼽히는 레스토랑은 무조건 가봤고, 해외출장에서 돌아올 땐 트렁크의 반을 음식으로 채웠다. 일본 도쿄 출장을 3주 동안 간 적이 있는데 편의점 음식이 너무 맛있어서 호텔 근처의 편의점에서 파는 모든 종류의 라면과 과자, 도시락을 다 먹어본 적도 있었다. 식품기업이면서도 본사가 한국에 있어 직접 제품 개발을 하는 CJ제일제당을 택하게 됐다. CJ제일제당의 미션은 'K-푸드'의 글로벌화다. 내가 좋아하고 관심있는 식품을, 내가 가진 역량으로 해외 소비자에게 소개하는 일을 하고 싶었다."

Q 그런데 이직할 때 직급을 낮추면서까지 간 이유가 궁금하다. TNS코리아에서 과장으로 승진한 직후에 이직을 했다던데?

A "7월에 TNS에서 과장으로 특진하고 그해 9월에 퇴사했다. 모두가 이직을 말렸다. TNS에 있던 멘토는 '김숙진과 대기업은 안 맞는다. 답답해서 빨리 관둘 거다' 이렇게 말리기도 했다. 흔히들 이직의 목적을 두 가지 정도 이야기한다. 연봉이나 직급을 올리기 위해 이직하는 경우가 있고, 이직하는 회사의 복지혜택이 좋거나 MBA 같은 기회가 있는 경우다. 그런데 나

같은 경우는 둘 다 아니었다.

CJ로 이직하면서 직급은 대리로 낮아졌고, 연봉도 1000만원 정도도 깎았다. 그런데 이런 부분은 중요한 게 아니었다. 내가 원하던 게 분명했다. 시장조사 보고서를 그만 쓰고 직접 전략을 세워보고 싶다는 것이었다. CJ제일제당에서 스카웃한 것도 아니었다. 직접 경력공채 공고를 보고 지원했고 면접 전형을 거쳐서 입사했다. 아직도 기억난다. 면접 때 면접관이 '김숙진 씨는 보고서만 썼는데 브랜딩이나 마케팅을 아느냐'고 물었다. 나는 소비자도 이해하고 있고 전략을 수립하는 모든 과정을 옆에서 지켜봤으니 할 수 있다고 했다. 그렇게 해서 뽑혔다. 막상 들어와서 보니 사업을 하기 위해 전략을 세우고 마케팅하는 일이라는 게 이렇게나 발로 뛰면서 하는 일인 줄 몰랐다. 본사 사무실보다 매장이나 연구소, 공장에 있는 날이 더 많았다. 주말이면 매장에 나가서 장 보는 사람들 장바구니에 뭐가 들었나 관찰하고 그랬다. 내가 직접 장사하는 것처럼 일했다."

Q 시행착오도 많았을 것 같다. 브랜딩이나 마케팅을 하다가 이직한 게 아니었는데 어떻게 적응할 수 있었나?

A "처음 마케팅 업무를 맡고 나서는 내가 좋아하면 남들도 좋

아할 거라고 단순하게 생각했다. 30대 초반 앵겔지수 높은 싱글 여성 기준으로 마케팅 전략을 짰다. 그런데 통하지 않더라. 5년 동안 소비자 조사를 했는데도 컨슈머로서의 자아와 마케터로서의 자아를 분리하는 데 실패한 셈이다. 그 이후에는 내가 좋아하는 것과 소비자가 좋아하는 것이 다르다는 자세로 임했다. 아기가 먹을 햄을 만들 때는 아기를 키우는 친구들에게 먼저 물어봤고, 20대를 타깃으로 하는 제품을 만들 때는 20대가 모이는 모임에 나갔다. 최근에는 소셜미디어의 태그나 인플루언서들을 꾸준히 관찰한다. 소셜미디어 피드를 보면서 어떤 제품이 어떤 소비자들에게 인기를 얻는구나 하고 파악한다."

Q '나'의 관점을 버리고 '너'의 관점에서 바라보는 게 성공한 마케터, 기획자의 역량인 것 같다.

A "상대방의 관점에서 바라보는 게 중요하다. 비단 제품을 개발하고 마케팅할 때만 필요한 기술이 아니다. 회사생활에서도 필수적이다. TNS와 비교해 CJ제일제당에서 가장 힘들었던 부분은 수많은 이해관계자를 설득하는 일이었다. 작은 기업이나 스타트업은 의사결정구조가 단순하지만, 대기업은 엄청난 숫자의 중간 이해관계자를 설득해야 한다. 상하좌우 모두.

처음에는 왜 그래야 하는지 이해가 되지 않았지만, 지금은 이걸 해내는 것도 역량이라는 생각을 한다. 이해관계자에 맞춰서 그때그때 관점을 바꿔가면서 그 사람의 뷰(view)에 맞춰야 한다. 하나의 보고서를 쓸 때도 여러 가지 버전을 만들어서 타깃 오디언스에 따라 강조하는 포인트를 다르게 해야 한다. 보스에게는 뭐가 중요할까, R&D 담당자에게는 뭐가 중요할까, 부하직원들에게는 뭐가 중요할까. 이런 생각을 꾸준히 해야 한다."

김숙진 상무는 이 이야기를 하면서 '진실'이라는 단어를 꺼냈다. 소비자조사 업무를 5년 동안 하면서 숫자로 정리된 보고서를 써왔던 김숙진 상무는 어떤 문제든 반드시 해답이 있고, 문제와 해답을 관통하는 진실이 있다고 믿었다고 했다. 하지만 이해관계자에 따라 관점을 바꿔야 한다는 걸 깨달은 뒤로는 '진실'만큼이나 '진실+a'가 중요하다는 걸 깨달았다고 한다. 다만 다른 사람의 관점에 서기 위해 나의 관점을 지워서는 안 된다고 강조했다. 김숙진 상무는 "본인이 어떤 사람인지 아는 게 중요하다. 나의 장단점을 파악해서 나의 뷰를 명확하게 해야 그걸 기준으로 다른 사람의 관점에도 설 수 있다"고 말했다.

Q 임원이 되기 위해 필요한 가장 중요한 역량을 꼽아달라는 사전질문에 'Know yourself first'라는 대답을 줬다. 무슨 의미인지 자세히 설명해달라.

A "본인이 어떤 사람이고, 어떤 장점과 단점을 가지고 있는지 명확하게 알아야 일도 인간관계도 본인만의 기준으로 목표를 정하고 전략을 수립할 수 있다. 본인의 커리어 목표가 무엇인지, 그 목표를 달성하기 위해 어떤 전략을 수립할지를 단기와 중장기로 나눠서 생각해야 한다.

사실 나는 이런 과정을 제대로 하지 못했고, 2016년부터야 비로소 커리어 목표를 생각하기 시작했다. 사회생활을 시작한 지 10년 정도가 지난 뒤부터 시작한 것이다. 조금 더 일찍 시작했으면 좋았을 것 같다고 생각한다."

Q CJ제일제당에 입사한 이후 두 차례 특진을 거쳐서 지금의 자리에 올랐다. 대기업에서 임원이 되기 위해서는 어떤 성과를 내야 하는 건지 궁금하다. 특진을 하기 위한 계량화된 목표가 있나?

A "특진을 위한 계량화된 기준이 있는 건 아니라고 알고 있다. 다만 CJ가 추구하는 경영철학을 잘 이해하고 그에 맞게 일하고 사업을 하는지, 맡은 사업과 브랜드에서 의미 있는 진화를

이루었는지가 중요한 것으로 알고 있다. 그리고 조직의 리더라면 리더십 또한 반드시 고려되는 것으로 이해하고 있다.

예컨대 2016년에 조리육팀 파트장을 맡고 있다가 팀장이면서 부장으로 특진했을 때는 '더건강한햄 브런치 시리즈'를 성공시키면서 연 100억원의 신제품을 만들었다. 단순히 숫자만 늘어난 게 아니라 정체돼 있던 육가공 사업에서 새로운 비전을 제시했다. 육가공 사업에 대한 평가 자체가 달라졌다. 2019년에 시니어부장으로 특진했을 때는 냉동팀장을 맡고 있었다. 냉동 사업은 CJ제일제당의 핵심 사업으로 비비고 왕교자의 다음 제품을 고민하고 있던 때였고, 조리냉동은 고메 함박스테이크가 히트친 뒤 다음 제품을 진천 신공장에서 만드는 프로젝트를 준비하고 있던 때였다. 육가공사업보다 규모도 크고 사업의 중요도가 더 높았던 터라 부담감이 컸지만, 내가 하던 대로 전략을 세웠다.

만두의 경우 비비고 왕교자는 누구나 좋아하고 여기저기 어디서 먹어도 맛있는 만두였다. 그렇기 때문에 만두를 정말 좋아하는 사람들이 맛있다고 평가하는 만두인 동시에, 만두만 먹어도 맛있는 만두를 개발하고 싶었다. 연구개발팀과 서울, 경기, 부산, 대구의 만두 맛집을 다 돌면서 연구했고, 그 결과 지금은 왕교자 다음으로 잘 팔리는 수제만두를 개발했다. 이름이 수제만두인 것처럼 기계로는 잘 만들기 힘든 모양을 냈고, 맛도 훨씬 진한 맛을 담았다. 조리냉동의 경우는 진천공장의 라인을 활용하면서도 트렌드에 맞고 소비자의 문제를 해결해주는 제품을 개발하는 것이 미션이었다. 집에서 튀겼을 때 소비자들이 가장 불편하게 느꼈던 돈까스를 시작으로 치킨, 피자 등을 에어프라이어에 최적화된 레시피와 조리법으로 구현했다. 사업을 하다 보면 잘될 때와 그렇지 않을 때가 있는데, 사업이 잘 안 될 때도 마케팅이 확신을 갖고 다른 유관부서들을 설득하고 비전을 보여주면서 나만 믿고 따라오라고 할 수 있어야 한다."

모르면 물어봐라… 회사 사람들은 나를 도와주기 위해 있다

김숙진 상무는 회사에서 '쑥장군'으로 불린다. 숙진의 숙에 장군을 붙인 별명이다. 김숙진 상무는 별명 이야기를 하자 "너무 마음에 든다!"며 크게 웃었다. 쑥장군이라는 별명은 누구에게나 스스럼없이 굴고 추진력이 강하지만 또 냉정해야 할 때는 냉정한 김숙진 상무의 모습 때문에 생긴 별명이라고 CJ제일제당 관계자가 설명해줬다. 김숙진 상무와 함께 일한 적이 있다는 CJ 계열사의 한 직원은 'CJ에서 가장 모시고 싶은 임원을 한 명만 꼽으라면 단연 김숙진 상무'라고 말하기도 했다.

Q 회사에서도 인기가 많은 것 같다. 고속승진한 임원들은 보통 직원들을 챙기지 않고 독불장군처럼 군다는 선입견이 있는데, 김숙진 상무는 그렇지 않을 것 같다.

A "처음부터 그랬던 건 아니다. CJ에서는 360도 평가를 많이 한다. 나는 내 리더십이 마음에 드는데 360도 평가를 해보면 '김숙진은 무섭다' '말을 너무 직설적으로 한다' 이런 평가가 있었다. 후배에게 어떤 말을 했을 때 내가 말을 하는 의도와 후배가 받아들이는 것 사이에 괴리가 큰 경우도 있었다. 친구 중에 심리상담을 공부한 친구가 있어서 물어봤더니 심리상담사를 만나서 터놓고 이야기를 해보라고 하더라. 나의 고민이 진짜 문제인지, 아니면 문제가 아닌데 내가 끙끙 앓는 건지 알아보라고 말이다.

사실 우리가 생각해보면 나 자신을 객관적으로 바라볼 기회가 많지 않다. 이럴 때 나와 아무런 이해관계가 없는 사람과 대화하는 게 큰 도움이 되기도 한다. 이후로는 1년에 한두 달 정도는 상담을 하면서 나 스스로를 파악하고 성찰하려고 한다. 그러다 보니 리더십의 측면에서나 회사생활, 보스와의 관계에서도 두루두루 이해의 폭이 넓어지는 걸 느낀다."

김숙진 상무는 심리상담을 받는 걸 저울을 맞추는 과정으로 설명했다. 저울은 시간이 지나면 자연스럽게 조금씩 틀어진다. 때때로 맞춰주지 않으면 저울이 크게 틀어져 문제가 생긴다. 저울처럼 사람의 마음도 조금씩 균형을 잃기 마련이다. 심리상담은 어떤 문제가 있을 때만 하는 거라고 생각하기 쉽다. 김숙진 상무에게 심리상담은 나 자신을 돌아보는 자연스러운 성찰의 시간이다. 김숙진 상무는 "모르는 걸 인정하고, 도움을 줄 수 있는 이들에게 도움을 받는 걸 꺼려서는 안 된다"고 강조했다.

Q 임원이 되고 나서 생긴 고민은 없나? 마케터의 삶과 임원의 삶은 또 다르지 않나?

A "임원으로 맡은 업무는 'NPD & Innovation Lab'이다. 현재 사업의 신제품 개발(New product development)과 미래 사업을 사내벤처 방법으로 해결하는 이노베이션 랩(Innovation lab) 담당인데, CJ제일제당이 선보일 신제품과 신사업의 컨트롤 타워라고 보면 된다. NPD 업무 외에 전사회의체에서 정기적으로 진행하는 사내토론의 사회도 맡게 됐다. 이런 업무를 새로 맡고 나서 든 생각은 스킬적으로 나아지고 발전하고 싶다는 생각이었다.

처음 토론 사회를 맡고 나서 TV 프로그램 '100분 토론'을 다시 봤다. 손석희를 보면서 사회자가 어떤 역할을 하는지 공부했다. 그렇게 두어 달을 했는데 여전히 핀트가 맞지 않았다. 그래서 인사팀을 찾아가서 토론 진행을 도와줄 코치를 소개받았다. 코칭을 단 두 번 했는데 훨씬 나아졌다는 평가를 받았다. 사내벤처도 마찬가지다. 개인적으로 스타트업, 벤처캐피털 등 새로운 기회를 사업으로 전환하는 도전을 즐기는 사람과 조직을 좋아한다. 그래서 스타트업 대표, 관련 교수, 벤처캐피털, 엑셀러레이터들을 만나는 것을 즐긴다. 그들의 눈빛은 항상 반짝이기 때문에 그런 사람들과 대화를 나누는 것만으로도 즐겁기 때문이다. 그들과 대화를 하면서 영감을 많이 얻는데, 사내벤처를 어떻게 이끌어갈 것인지에 대한 부분을 많이 물어보고 있다.

임원이라고 해서 인사팀, 부하직원, 외부 전문가들에게 도움을 요청하는 걸 마다해서는 안 된다. 내가 모르는 걸 인정하고 도움이 필요하다는 걸 확실하게 알려야 한다. 처음에는 문턱이 높아 보이지만 훌훌 털고 들어가서 도와달라고 하면 다들 도와준다. 부족한 건 무조건 배우려고 하고 도움이 필요할 땐 도와달라고 하는 게 나의 장점이기도 하다."

 회사에서의 인간관계는 모든 직장인의 고민이다. 인간관계에 있어서 나만의 철칙이 있다면?

36

A "사람 간의 관계보다는 일의 본질을 기준으로 일을 하고 의사결정을 하는 편이다. 어떤 사람과의 관계를 위해 의사결정을 하지 않기 때문에 그런 부분에서는 이슈가 없는 것 같다. 오히려 이런 성향 때문에 관계지향적인 사람들이 섭섭해하는 것 같기도 하다. 그런 부분은 최대한 섭섭하지 않게 공식적인 커뮤니케이션 외에 비공식적인 소통을 하려고 노력하는 편이다."

더 빠르게 더 높이 오르고 싶다

김숙진 상무는 커리어의 최종 목표를 묻는 질문에 고민하지 않고 '경영자가 되고 싶다'고 했다. 그는 "경영자가 돼서는 다양한 산업군을 경험하면서 나만의 경영 스타일을 만들어보고 싶다"며 "스타트업 업계에서는 그래도 김슬아 대표(컬리)도 있고 유명한 여성 경영자가 있는데 기존 전통 산업군은 상대적으로 보수적이라 그런지 전무한 것 같다"고 했다. 한국에서는 유명한 여성 경영자가 없는 게 개인적으로 아쉬운 부분이라 자신이 직접 그런 케이스가 되고 싶다는 말이다.

더 빨리 경영자가 되기 위해 자신의 커리어에서 고치고 싶은 부분이 있느냐고 묻자 김숙진 상무는 두 가지를 이야기했다. 도전과 사람이었다.

Q 어떤 도전을 말하나?

A "회사, 조직, 하는 일을 4~5년 단위로 환경을 바꾸면서 조금 더 다양한 커리어패스를 가졌다면 좋았을 것 같다. 마케팅 조사, 마케팅 커뮤니케이션 등의 사업 부문을 경험했지만, 전략, 재무·경영관리, 인사 쪽으로는 일해보지 않았다. 스타트업에서도 한번 일해봤으면 어땠을까 하는 생각도 한다. 개인적인 성향상 초기 단계 스타트업에 에너지를 쏟아부었으면 성과의 폭이 더 크지 않았을까? 다만 대기업에서 임원은 꼭 해봐야 한다는 프레임을 갖고 있었다. 큰 조직에서만 경험할 수 있는 폭과 깊이가 다르기 때문이다."

Q 사람은 어떤 부분인가?

A "더 다양한 사람을 만나봤다면 좋았을 것 같다. 회사에 너무 몰입하다 보니 회사 사람 위주로만 만났다. 아예 내 분야와 상관없는 산업에 있는 사람이나 샐러리맨이 아닌 사람들을 만날 기회가 없었다. 예술가나 사업가들은 세상을 다른 관점에서 바라본다. '어나더 프레임'으로 세상을 보는 사람들과 더 많이 만났으면 좋지 않았을까 싶다. 그래서 예전 대리, 과장 시절에는 마케터들의 책과 강연을 많이 찾곤 했는데, 요즘은 다양한 분야의 전문가들을 만나려고 시도한다. 예컨대 나

는 주식투자에 아무 관심이 없지만, 주식투자 전문가들을 만나서 투자전략이나 배경, 가치관을 파악하려고 노력한다. 다른 분야의 전문가를 만나서 그 사람의 경험을 듣고 그 경험을 바탕으로 나 자신을 반추하려고 노력한다. 임원이 되기 전에는 모든 시간을 자극을 경험하는 데 썼다면, 요즘은 내 시간의 반은 채우는 데, 반은 생각하는 데 쓰고 있다."

Q 공통 질문을 하겠다. "신입사원이 30대에 임원이 되고 싶다면 ○○을 해야 한다"는 문장에서 ○○에 들어갈 말을 고른다면?

A "학습을 해야 한다. 자기 주도적 학습 역량이 중요하다. 뛰어난 인공지능은 인간의 도움 없이 스스로 학습하는데, 사람도 마찬가지다. TNS미디어에서부터 CJ제일제당의 마케터와 임원까지 여러 잡(job)과 포지션을 거치면서 나 스스로 포지션에 맞는 역량과 학습을 주도적으로 한 것이 지금의 성과를 만들어냈다고 생각한다. '부캐'라는 말도 많이 쓰는데, 젊은 나이에 임원이 되기 위해서는 새로운 부캐를 만드는 걸 두려워하면 안 된다. 부캐에 적응하고 발전하기 위해 필요한 것이 자기 주도적 학습 역량이다."

김숙진 상무에게 처음 임원이 됐다는 연락을 받은 날이 기억나

냐고 물었다. 그는 당연히 기억난다면서, 당시 발령을 대표가 직접 전화로 알려줬다고 했다.

"네? 저요? 저 말씀이십니까?"

이런 말밖에 못하면서 당황했던 기억이 난다고 했다. 어떤 질문을 던져도 자신감 넘치게 대답하던 '쑥장군' 김숙진 상무와는 전혀 다른 모습이었다. 그는 임원이 되고 가장 뿌듯하고 기뻤던 건 함께 시간을 보내고 성과를 만들어낸 후배와 동료들의 진심 어린 축하였다고 말했다.

대기업 임원은 직장인의 단 1%만이 달 수 있는 '별'의 자리라고들 한다. 그런 자리에 가기 위해서는 끊임없는 경쟁과 암투가 있어야 할 것 같지만, 김숙진 상무를 보면 꼭 그런 것만은 아닌 것 같다는 생각도 하게 됐다. 좋아하는 것에 대한 사랑과 애정, 그리고 모르는 것에 대한 인정과 배우겠다는 열정이 김숙진 상무를 '30대 임원'의 길로 이끌었다.

만약 사업을 하게 된다면 어떤 아이템을 택하겠냐고 묻자 김숙진 상무는 "사람 말고 반려동물이 먹는 음식을 잘 만들어서 팔고 싶다"고 했다. 그녀는 세 마리 고양이를 키우는 '냥집사'이기도 하다. 고양이 이야기를 할 때는 김숙진 상무의 입꼬리가 슬며시 올라갔다. 상무 김숙진이 아닌 경영자 김숙진을 머지않은 미래에 다시 만나기를 기대해본다.

효율적 성공을 위한 준비물은 나침반⋯ 목적지부터 설정하라

류영준 카카오페이 대표

금융업계에서 만난 취재원들은 대부분 나이가 지긋했다. 당장 국내 시중은행장들만 봐도 적게는 30년, 많게는 40년 이상 한 은행에서 근무해 그 자리까지 오른 이들이다. 최소 20년 이상은 근무해야 임원을 달 수 있다는 계산이 나온다. 그런 이들과 1977년생, 이제 막 40대 중반에 접어든 이가 어깨를 나란히 하고 있다. 이제는 국민 금융 생활에서 빼놓을 수 없는 존재가 된 카카오페이의 류영준 대표가 그 주인공이다.

금융업은 그 어떤 곳보다 '관록'을 중시한다. 고객의 돈을 안전하게 지키고 굴려야 하는 업의 특성상 사람과 조직이 보수화될 수밖에 없다. 결국 믿을 것은 수십 년간 쌓아온 경험뿐이라는 미명 하에 연공서열 문화가 고착됐다.

그러나 류영준 대표는 이를 보란 듯이 깨트렸다. 2013년 카카오페이를 처음 구상한 이후 채 10년도 되지 않아 편의성에 안정성까지 갖춘 대국민 서비스로 키워냈다. 관록은 나이에 따라 생기는 것이 아니라는 것을 몸소 증명했다.

류영준 대표는 지난해부터 한국핀테크산업협회장까지 맡아 눈코 뜰 새 없이 바쁘게 지내고 있다. 경기도 판교에서 만난 류영준 대표와 우리에게 주어진 시간은 단 40분에 불과했다. 질문을 던지면 답변에 거침이 없었다. 한정된 시간 속에서 최대한 많은 이야기를 들려주고 싶은 마음이라지만, 그가 걸어온 길과 앞으로 나아갈 길에 대한 강한 확신이 없다면 불가능한 속도였다.

Q 간편결제와 송금이라는 혁신적인 아이디어를 직접 구상하고 키워내 한국 금융시장의 판도를 바꿨다. 카카오페이의 탄생 과정을 먼저 묻고 싶다.

A "카카오에서 개발자로 일하고 있었는데, 창업이 하고 싶어졌다. 퇴사를 고려하고 있을 때 사내에서 사업을 해보라는 제안을 받았다. 카카오 직원 중 개발에서 사업으로 직군을 바꾼

첫 케이스다. 2013년 신규 사업팀장을 맡아서 사업 아이템을 찾기 시작했다. 금융으로 첫 아이템을 잡았는데, 그중에서도 결제에 초점을 맞췄다.

카카오톡 보이스톡 개발 경험이 많은 도움이 됐다. 혁신은 항상 기득권과 새로운 세력 간 싸움이다. 전투만 하다간 서로 다치기만 한다. 서로 윈윈할 수 있는 합의점을 이끌어내는 경험이 많이 도움이 됐다. 보이스톡 때와 달리 금융에선 처음부터 전투 모드가 아니라 사업적으로 이해관계를 조정할 수 있는 안이 필요하다는 생각으로 시작했다. 물론 그럼에도 어려웠지만, 그 경험 덕분에 카카오페이를 견제하던 은행, 카드사 등을 하나하나 끌어들여 전 금융권과 파트너십을 맺을 수 있었다."

류영준 대표는 카카오톡 보이스톡을 만든 개발자 출신 CEO다. 카카오페이를 구상하기 전부터 시장에서 몸값 높은 전문 개발자였다. 카카오페이가 류영준 대표의 퇴사를 만류한 이유 역시 여기에 있다. 다만 '사업가 류영준'은 '개발자 류영준'과 위치가 달랐다. 성과가 증명되지 않았다는 이유로 연봉까지 깎인 그는 심기일전해 결국 카카오페이를 성공시켰다. 2014년 9월 국내 처음으로 간편결제 서비스를 시작한 카카오페이는 2020년 기준 연간 거래액 67조원을 달성했고, 2021년 현재 가입자 수는 3600만 명에 이른다. 국민 10명 중 7명이 카카오페이를 쓰는 셈이다.

Q 보이스톡부터 카카오페이까지 내놓는 아이디어마다 '홈런'을 치는 경우는 드물다. '질 좋은' 아이디어는 어디서 샘솟는 것인지 궁금하다.

A "고민의 포인트는 사용자에 있다. 사람들이 어떤 것을 불편해하고, 어떤 것을 어려워하는지 봐야 한다. 보이스톡 기술을

처음 개발할 당시에는 학생들이 해외로 유학을 많이 떠나는 시기였다. 해외 전화 요금이 굉장히 비싸다 보니 자녀, 애인들과 통화가 부담스러워 이메일로 소식을 주고받는 경우가 많았다. 이 부분이 '페인 포인트(Pain point, 불편함을 느끼는 지점)'다. 당시 통신사는 통화료로 엄청난 수익을 올리고 있었는데, 많은 사람이 불합리하다는 생각을 갖고 있었다.

금융 역시 마찬가지다. 금융 소비자로 20년 이상을 살아온 나뿐만 아니라 모두가 금융에 대해 불편함을 느끼고 있었다. 돈이 될 것이란 생각보다 금융소비자 입장에서 이건 바꿔야 한다는 관점에서 접근했고, 결국 도움이 됐다. 이처럼 사람들이 불편해하는 부분, 합리적이지 않다고 생각하는 부분을 해결해주는 것이 비즈니스라 생각한다."

Q 소비자 입장에서 생각해야 한다는 것은 당연한 듯 보이지만 실천하기는 어려운 부분이다. 특히 개발자는 소비자와 직접적인 접촉이 드물지 않은가.

A "개발자란 문제를 해결하는 사람이다. 문제를 해결하려면 먼저 문제가 무엇인지 정의해야 한다. 결국 가장 어려운 것은 문제 정의다. 나는 가급적 사용자 관점에서 문제를 정의하려고 했다. 많은 개발자가 서비스를 만드는 공급자 입장에 갇혀

있다. 사용자 입장에서 문제를 정의해야 그 문제를 풀었을 때 사람들이 좋아해준다. 지금도 재무나 비즈니스 파트에서 숫자를 가득 들고 온다. 나는 사용자가 봤을 때 뭐가 문제이고, 어떤 걸 바꿀 수 있는지를 먼저 묻는다. 숫자는 그 다음이다."

목표를 이뤄내는 것보다 목표를 향해 달려가는 과정이 행복하다

Q 대학에서 컴퓨터공학을 전공하고 개발자의 길을 쭉 걸어왔다. 요즘은 성적에 맞춰 학교와 과를 선택하고, 사회생활 역시 내가 가고 싶은 곳보단 나를 받아주는 곳에서 시작하는 경우가 많다.

A "나는 내가 하고 싶은 것을 일찍 정한 편이다. 어릴 때부터 컴퓨터를 좋아했다. 초등학교 때부터 무조건 컴퓨터를 공부하겠다는 생각을 했다. 컴퓨터 관련 과를 갈 수 있을 정도로만 공부를 하고, 나머지 시간엔 컴퓨터를 갖고 놀았다. 컴퓨터를 좋아한다는 것은 빠르게 찾았지만, 구체적인 삶의 목표를 세워야 했다.

고등학교 때부터 어떤 삶을 살아야 하는지에 대해 고민하기 시작했다. 보통 어떻게 살고 싶냐는 질문을 받으면 흔히들 행복하게 살고 싶다고 답한다. 나는 거기서 한발짝 더 나아가 무엇을 할 때 행복한지를 찾고 싶었다.

되돌아보니 나는 목표를 정하고 이뤄냈을 때의 그 성취감보다는 목표를 향해 달려나가는 과정에서 행복을 느끼더라. 원대한 목표를 던지고 어제보다 오늘, 오늘보다 내일 조금씩 가까워지는 삶을 살자고 결심했다. 이 같은 삶의 모토는 대학 때 완성됐다."

Q 어릴 때부터 삶의 목표에 대해 생각하고 이를 정립하는 것은 쉽지 않다.

A "나는 운이 좋아 삶의 목표를 일찍 찾았지만, 그렇지 않은 젊은 친구들도 많다. 결국 가장 중요한 교육은 앞으로 어떻게 살 것인지 스스로 깨닫게 하는 것이다. 지금의 중·고등학교 교육과정은 이런 부분에서 아쉽다. 누구는 목표까지 가는 데 10년이 걸릴 수 있고 누구는 30년이 걸릴 수 있다. 늦는다고 나쁜 건 아니다. 가장 중요한 것은 방향을 찾는 것인데, 그에 대한 관심이나 지원이 저조하다.

젊은 친구들 스스로도 삶의 방향성을 정립하려는 노력이 필요하다. 모두가 도전하는 삶을 사는 것이 정답은 아니다. 공무원의 삶을 스스로 원해서 그 길을 선택하는 것과 남들이 좋다고 해서 그 길을 선택하는 것은 다른 문제다."

코로나19 여파로 채용을 축소하는 기업들이 늘어나고 구조조정이 본격화되면서 공무원의 길로 떠밀리듯 진입하는 청년들이 늘어나고 있다. 취업 플랫폼 잡코리아와 알바몬이 2020년 대학생 및 졸업한 취업준비생 2013명을 대상으로 공무원 시험 준비 현황에 대해 조사한 결과, 전체 응답자 중 현재 공무원 시험을 준비하고 있다는 답변은 36.0%로 집계됐다. 1년 전보다 11.3%p 늘어난 수치다. 공무원 시험을 준비하는 이유로는 '정년까지 안정적으로 일하기 위해서'가 68.7%로 가장 많았다. '노후에 연금을 받을 수 있기 때문'이라는 응답율도 33.0%나 됐다.

직장을 선택할 땐 무엇을 배우고 이루고 싶은지를 생각하라

류영준 대표가 처음부터 카카오와 함께한 것은 아니다. 건국대학교 컴퓨터공학과를 졸업한 그는 관련 업계에서 아르바이트를 하며 경험을 쌓았다. 졸업 후엔 유무선통신 솔루션 기업에 합류했다. 2003년 설립된 이곳은 류영준 대표가 초기 멤버로 합류할 때까지만 해도 직원 7명에 불과한 스타트업이었다. 류영준 대표가 사원에서 개발팀장으로 오르는 사이 회사 역시 2012년 코스닥에 상장하는 등 함께 성장했다.

🗨 카카오에 입사하기 전 여러 회사를 거쳤다. 회사를 선택하는

기준이 궁금하다.

"내가 96학번이다. 아르바이트하던 개발사가 상장돼 있었는데 닷컴 버블이 오면서 주가가 급등했다. 프로그램 개발만으로 엄청난 가치를 만들어낸다는 것이 놀라웠다. 가슴이 울렸다. 지금은 아르바이트로 옆에서 보조하는 역할이지만, '넥스트 빅 씽(Next big thing)'이 오면 내가 직접 그 한가운데 서서 맞이했으면 좋겠다는 생각을 했다.

다음번엔 어떤 큰 물결이 올지 고민했다. 당시 윈도 모바일이 있긴 했지만, 모바일의 존재감이 약했던 시절이었다. 기술만 해결되면 모바일 붐이 올 것이란 생각이 들었다. 미리 준비가 필요했다. 컴퓨터 분야에서 모바일 분야로 옮긴 이유다. 당시 비인기였던 모바일 분야에서 경력을 쌓기 시작했다.

당시 몸담고 있던 조직은 작은 스타트업이었다. 아이폰의 출시와 함께 결국 예상했던 모바일 붐이 시작됐다. 회사도 그 물결을 타고 코스닥에 상장됐다. 직원 200명 규모로 단기간에 성장하다 보니 다양한 문제가 터져나오기 시작했다. 이 정도 규모의 조직이 갑자기 돈이 많아지고 상장하면 시끄러워지는데, 큰 회사는 어떻게 조직적으로 움직이는지 궁금해졌다. 그래서 삼성SDS 경력직으로 이직했다."

Q 삼성SDS는 직원 1만 명 규모의 국내에서 손꼽히는 대기업이다. 소규모 기업과 대기업의 가장 큰 차이는 무엇인가.

A "삼성SDS는 철저하게 마이크로 매니징(Micro managing, 세세한 관리)을 실시하고 있었다. 각 직원마다 분기별·연도별 목표치가 주어졌고, 취득해야 할 자격증, 수강해야 하는 과목들이 정해져 있었다. 계획을 실행하는 것만으로도 바쁜 회사다. 대기업만이 줄 수 있는 안정성과 복지는 만족스러웠다. 그러나 내가 추구하는 혁신을 시도할 수 있는 환경은 아니었다. 그래서 다시 도전하는 삶으로 돌아가야겠다고 생각했다. 그때 눈에 띈 것이 2010년 출시된 카카오톡이었다."

Q 2010년 아이폰4를 사고 카카오톡 애플리케이션을 설치했던 기억이 난다. 무료 문자를 무제한으로 보낼 수 있다는 점이 놀라웠다.

A "카카오톡을 보면서 세상에 엄청난 임팩트를 가져다줄 것이라는 확신이 들었다. 나는 스타트업에서 일할 때부터 인터넷으로 전화통화를 할 수 있는 기술을 보유하고 있었다. 카카오 측에 '나 보이스톡 만들 수 있는데 생각 있냐'고 물었다. 마침 카카오도 그런 기술을 찾고 있다고 하더라. 그렇게 카카오에 들어와 보이스톡을 만들게 됐다."

Q 이직한 뒤 본인이 구체적으로 어떤 일을 하게 될지 알고 간 셈이다.

A "앞서 학창시절에 하고 싶은 일을 일찍 정했다고 말씀드렸다. 이 부분이 남들보다 빠르게 갈 수 있었던 비결이라고 생각한다. 사람들은 보통 목적지를 정하지 못하고 흐름에 따라 표류한다. 그 과정에서 시간 등 자원은 낭비될 수밖에 없다. 우리 모두에게 주어진 시간은 같다. 목적지를 정해두고 조금씩 나아가면 결국 언젠가는 도달하게 돼 있다. 넥스트 빅 띵을 직접 맞이하겠다는 목표를 세우고 한 걸음씩 나아갔고, 실제로 그렇게 스타트업에서 '엑싯(투자금 회수)'해 카카오까지 왔다."

Q 이직하기 좋은 시점은 언제라고 생각하나.

A "결정은 이를수록 좋다. 시간이 지날수록 책임도 늘어나기 때문이다. 결혼하고 자녀가 생기면 나 혼자만의 결정이 아니라 가족의 문제가 돼버려 판단하기 어려워진다. 결국 좋은 판단의 시기는 결혼하기 전이다."

일을 믿고 맡길 수 있는 파트너, 당신은 얼마나 준비돼 있나

Q 개발과 사업은 다른 영역이다. 그만큼 요구되는 역량도 다를 수밖에 없다. 미리 준비한 부분이 있다면?

🅰 "나는 새로운 것에 도전하고 배우는 것을 좋아한다. 한 회사엔 개발 외에도 기획, 인사, 디자인 등등 수많은 부서가 있다. 다른 부서들은 어떤 일을 하는지 항상 궁금했다. 궁금증을 해소하기 위해선 직접 물어봐야 했고, 그래서 다른 부서 분들과도 친하게 지냈다. 실제로 업무 얘기를 들어보니 관심이 생겼고 공부하고 싶다는 마음이 들었다. 나중에 경영자가 될지도 모르는데, 알아두면 좋지 않나. 재미 삼아 경영, 인문, 디자인, 재무 등 다양한 책을 봤는데 결국 도움이 됐다. 첫 직장에서 사원급 개발자로 입사해 과장으로 퇴사했는데, 그 시절 가장 많이 공부했던 것 같다. 삼성SDS 시절에도 리더십, 조직 관리와 관련된 교육 프로그램을 일부러 많이 들었다."

🆀 책과 강의에서도 많은 것을 배울 수 있지만, 직접 부딪혀봐야만 체득할 수 있는 역량도 있기 마련이다.

🅰 "새로운 도전을 하겠다고 카카오에 왔는데, 보이스톡을 만들면서 통신사들과 엄청난 갈등을 겪었다. 당시까지만 해도 기술이 혁신 그 자체이며 기술을 통해 무엇이든 바꿀 수 있다는 기술 중심의 사고에 갇혀 있었다. 그러나 보이스톡 사태를 겪으면서 기술은 혁신의 수단이지, 기술 자체가 목적이 될 수는 없다는 생각이 들었다. 결국 진정한 변화를 만들어내기 위

한 가장 중요한 역량은 이해관계를 조율하고 새로운 합의점을 도출하는 설득과 협상이었다. 그게 바로 경영이라는 생각이 들었다."

Q 개발 외 업무가 궁금해 다른 부서 직원들과도 친하게 지냈다고 했다. 조직 내 두터운 인간관계가 승진에 도움이 되는지에 대해선 갑론을박이 있다.

A "인간관계는 성공을 위한 가장 큰 부분 중 하나다. CEO가 모든 것을 할 수는 없다. 믿고 맡길 수 있는 사람들이 필요하다. 그런 사람들이 주변에 없다면 막상 기회가 왔을 때 놓칠 수 있다. 사람을 미리 준비해놓는 것도 리더로서의 준비라고 생각한다."

Q 조직이 리더를 결정할 때 후보자들의 인간관계까지 들여다볼까? 조직 차원에서 리더의 인간관계가 왜 중요한가.

A "조직은 리더를 뽑을 때 개인의 역량만 보지 않는다. 리더는 조직을 움직이는 사람이다. 조직을 얼마나 어떻게 움직여 성과를 낼 수 있는지 본다. 개인 역량이 아무리 뛰어나도 사람들이 따르지 않는다면 조직 성과에 기여할 수 없다. 그러나 이 사람을 따르는 사람들이 많거나, 조직 장악력이 뛰어나다

면 리더로 낙점된다.

그런 관점에서 신입사원으로 돌아간다면 네트워킹에 더욱 집중하고 싶다. 일하다 보면 같은 팀 사람들은 물론이고 다른 부서, 다른 회사 사람들과도 협업할 기회가 많다. 모르는 사람과 이메일 등으로 일 얘기를 하는 것과 아는 사람과 일 얘기를 하는 것은 다르다. 나는 지금도 크루(직원)들에게 가급적 서로 친해지라고 얘기한다. 친해져야 듣기 싫은 소리를 더 잘할 수 있기 때문이다. 친밀도가 부족하면 돌려 얘기해도 반대 의견을 내기 부담스럽다. 카카오페이는 그 어느 회사보다 비대면 문화와 맞닿아 있지만, 일하는 부분에 있어선 아날로그적 부분이 개입하지 않을 수 없다."

Q 직급이 올라갈수록 조직의 요구는 많아질 수밖에 없고 그만큼 스트레스는 커진다. 부담을 이겨내는 본인만의 노하우가 있는지.

A "직장 생활을 하면서 갖고 있으면 좋은 스킬은 긍정적 사고다. 월급을 주는 이유는 결국 스트레스를 이겨내고 직장 생활을 하라고 주는 것이다. 매년 연봉이 높아지는 것도, 작년과 똑같은 업무를 하는 것이 아니라 더 많은 업무를 하기 때문이다. 예를 들어 지금 3000만원의 연봉을 받고 있는 직장

인이 억대 연봉을 받고 싶다면, 산술적으로 지금보다 세 배의 일을 더 해야 한다. 그에 따른 세 배의 스트레스와 업무량은 어떻게 감당할까? 역량을 키우면 된다. 스트레스를 받으면 나만 힘들다. 문제를 받아들이고 해결하는 과정에서 재미를 느껴야 한다. 그런 관점에서 보면 부담이라기보단 새로운 도전으로 다가오게 된다."

류영준 대표가 카카오페이를 성공적으로 이끌 수 있었던 비결은 바로 IT 회사에 최적화된 개발자 출신이라는 점이다. 아무리 사업 아이디어가 뛰어나도 현재 기술 수준으로 이를 구현해낼 수 있는지는 CEO가 몸소 이해하고 있어야 한다. 류영준 대표는 "개발 지식이 없는 CEO들은 최고기술책임자(CTO)에게 의사 결정을 위임할 수밖에 없다"며 "나는 개발자다 보니 사업 현황을 직접 들여다보고, 만들고, 얘기할 수 있었다"고 말했다. IT 관련 의사결정과 미래를 계획하는 데 있어 남들보다 속도가 빠를 수밖에 없었던 셈이다.

Q 2017년 카카오페이 대표를 맡은 이후 만 4년이 흘렀다. CEO라는 직업에서만 느낄 수 있는 매력이 있다면.

A "김범수 카카오 의장이 'CEO는 세상에서 가장 매력적인 직

업'이라고 말한 적이 있는데, 이 말에 동의한다. 일하다 보면 극도의 스트레스를 받을 때가 많고 힘든 것도 많지만, 말로 설명하기 어려울 정도의 성취감이 있다. 양극단을 경험할 수 있는 세상에 몇 안 되는 직업이라고 생각한다."

카카오페이는 현재 인슈어테크(보험과 기술의 합성어) 플랫폼 스타트업 KP 보험서비스 주식회사와 카카오페이 증권 등 2개의 자회사를 보유하고 있다. 2020년까지만 해도 카카오페이 임직원은 500명 규모에 불과했지만, 2021년 들어 1000명을 넘어서는 등 빠르게 성장하고 있다.

워라밸 대신 워라코… 시간을 코디네이션 하라

최근 연봉 등 금전적 보상보다 근무시간과 복지 등을 중요시하는 경향이 취업시장에 나타나고 있다. 정시 퇴근이 가능해 '저녁 있는 삶'이 가능하다면 연봉이 다소 낮은 중소기업도 마다할 이유가 없다는 것이 최근 MZ세대(밀레니얼+Z세대, 1980~2000대 초반 출생한 세대)의 생각이다. 그러나 이들이 조직 내에서 승진까지 포기한 것은 아니다. 워라밸과 사회적 성공은 양립 가능한 가치일까.

Q 워라밸을 챙기면서도 승진할 수 있다고 보나.

A "나는 새벽에 퇴근하는 스타일은 아니지만, 무엇인가를 해내려면 올인하는 자세는 필요하다고 생각한다. 우리는 경쟁 사회에 살고 있다. 무언가를 얻고자 하는 이는 여러 명이다. 뽑기가 아닌 이상 실력에서 승부가 결정될 수밖에 없고, 실력을 키우려면 시간을 투자해야 한다. 나는 '워크-라이프 밸런스'를 '워크-라이프 코디네이션(Work-Life Coordination)'으로 바꿔 표현하고 싶다.

살다 보면 직장과 업무에 몰입해야 하는 시기가 있고, 가족을 돌보는 데 힘을 쏟아야 하는 시기가 있다. 그 시기에 따라 직장과 가정 중 어디에 무게중심을 둬야 하는지 결정해야 한다. 즉 상황에 따라 집중도를 코디네이션(조정)해야 한다. 밸런스라는 단어는 결국 직장과 가정의 기계적 균형을 추구할 수밖에 없다. 각 시기에 맞춰 집중도를 조정하는 것이 일과 가정을 더욱 잘 관리할 수 있다고 본다. 세상에 공짜로 얻는 것은 없다. 원하는 것을 얻으려면 대가를 지불해야 하고, 가장 비싼 자원은 시간이다. 시간을 투여해야만 원하는 것을 얻을 수 있다."

Q 어떻게 일과 가정에 대한 집중도를 조정하는지 궁금하다.

A "입사했을 땐 일을 배워야 하는 시기다. 많이 일하고 돈도 많

이 벌고 싶었다. 지금 당장은 경쟁에서 뒤처져 있지만 5년 뒤, 10년 뒤 경쟁에서 이기려면 많은 시간을 투자해야 했다. 그때는 경력과 역량을 키우기 위해 직장에 올인했다. 그러다 결혼하고 아기를 낳으니 이전과 같을 수는 없었다. 그래서 가정에 조금 더 집중할 수 있도록 조정했다. 다만 회사에 이슈가 생기면, '한동안 회사에 집중해야 할 것 같다'고 얘기했다. 카카오페이 대표를 맡은 이후엔 보통 평일은 회사에 올인하고, 주말엔 가족에 올인했다. 그런데 지난해부터 한국핀테크산업협회장까지 맡다 보니 업무량이 대폭 늘었다. 어쩔 수 없이 요즘은 주말 이틀 중 하루는 업무에 쓸 수밖에 없다고 가족들에게 양해를 구했다."

Q 마지막 공통 질문이다. "신입사원이 30대에 임원이 되고 싶다면 ○○을 해야 한다"는 문장에서 ○○에 들어갈 말을 고른다면?

A "'올인'해야 한다. 무엇인가를 제대로 해보고 싶다면 내가 가진 모든 것을 투입해야 한다. 사실 그래도 성공할까 말까다. 올인하지 않으면서 무언가를 이루는 것은 쉽지 않다."

류영준 대표는 점심을 가급적 먹지 않는다고 한다. CEO 특성상

술을 곁들인 만찬 모임이 잦은 만큼 체중 조절이 필요하기 때문이기도 하지만, 자기계발을 위함이기도 하다. 류 대표는 "첫 직장 다니던 시절 온라인으로 일본어를 독학했는데, 시간이 없다 보니 점심을 거르고 배웠다"며 "밥을 챙겨먹으며 배우는 사람과 당장은 큰 차이가 없을 수 있지만, 1년만 지나도 점심시간을 투자한 차이를 느낄 수 있다"고 했다. 요즘 점심시간엔 금융과 와인에 대해서 공부한다고 한다.

한국 금융산업은 그 어느 때보다 격동의 시기를 보내고 있다. 카카오페이와 같은 핀테크 기업의 등장으로 변화가 비롯됐고, 이제는 한 차원 더 높은 세계로의 도약을 준비하고 있다. 가보지 않은 길인만큼 정답은 없다. 시행착오는 모두에게 필연적이다. 그러나 모두가 헤매고 있으니 나도 같이 헤매도 괜찮다고 생각하는 것과, 모두가 헤매고 있을 때 조금이라도 차이를 줄여보려는 것은 극명한 차이를 불러올 수밖에 없다. 시간을 귀하게 여기고 나침반의 중요성을 아는 류영준 대표가 이끌 한국 금융산업의 미래가 벌써부터 궁금해진다.

속옷 영업왕,
국민 속옷 회사 대표되다

김세호 쌍방울 대표

차장에서 부사장으로, 그리고 다시 대표이사까지. 단 4개월 만에 승진한 직장인이 있다. 재벌가 2세, 3세의 이야기가 아니다. 미국 실리콘밸리의 스타트업 이야기도 아니다. 우리 주식시장에 상장된 한국 기업, 국민 속옷 회사로 불리는 쌍방울의 김세호 대표이야기다.

김세호 대표의 존재를 처음 알게 된 건 TV 프로그램 덕분이다. 방송인 유재석과 조세호가 진행하는 TV프로그램 '유퀴즈 온 더 블럭'에서 CEO(최고경영자) 특집을 진행했고 여기에 김세호 대표가 출연했다. 쌍방울은 이날 방송에 함께 등장한 왓챠나 마켓컬리 같은 스타트업은 아니었지만 CEO의 나이는 큰 차이가 없었다. 1978년생, 40대 초반의 나이에 상장사 대표가 됐다니 관심이 가지 않을 수가 없었다.

방송에서 김세호 대표는 조금은 수줍어하면서도 솔직하게 자신의 이야기를 풀어냈다. 난처한 질문에도 허투루 답하거나 웃어넘기는 일이 없었다. 솔직하고 담백한 모습으로 입사 18년 만에 대표까지 승진한 이야기를 하나하나 벽돌 쌓듯이 차곡차곡 풀어냈다. 방송이 나간 지 10개월 뒤, 서울 퇴계로의 쌍방울 사옥에서 직접 만난 김세호 대표의 모습은 방송 그대로였다. 한결 여유가 생긴 것만 달랐다. 이제는 '2년 차 대표'의 연륜까지 생긴 김세호 대표는 질문에 때로는 골똘하게 생각에 잠기기도 하며 하나하나 자신의 생각을 들려줬다. 정답이 없는 질문들이었지만, 김세호 대표가 걸어온 길 만큼은 후회가 없는 정답으로 들렸다.

대표가 된 이야기를 하지 않을 수가 없다. 쌍방울의 사내공모전 '내가 쌍방울의 경영진이라면?'에서 편지글 형식의 '새로 오시는 부사장에게 드리는 글'로 우승을 차지했다. 그 이후 차장에서 부사장으로 전격 발탁되고 다시 4개월 만에 대표이사가 됐다. 대한민국 어디서도 전례를 찾기 힘든 초고속 승진

인데 어떻게 이런 일이 가능했나?

🅰 "디지털과 온라인에 대한 새로운 방향을 제시했다. 원래는 섬유나 패션업계가 아니라 정보통신 분야에 관심이 많았다. 대학도 그런 쪽으로 가고 싶었고. 군대에 갈 때 PCS폰이 나왔는데 그걸 보고 세상이 크게 바뀌는 시기가 올 거라고 생각했다. 다만 쌍방울에 어떻게 접목해야 할지 생각을 못했다. 쌍방울에서 일하면서 영업에만 바빠서 그런 쪽으로는 신경쓰지 못했다. 다른 속옷 회사들이 젊은 세대들을 사로잡는 와중에도 우리는 그런 노력이 없었다. 쌍방울이 가진 시장, 유통망에 대한 자부심만 컸다. 쌍방울이라고 하면 내복, 내의,

여성용 팬티, 특히 40~60대 여성용 팬티는 우리가 꼭 잡고 있다는 인식이 컸다. 7, 8년 전쯤 대리점 시스템이 한 번 크게 변화했는데 그러면서 일시적으로 매출이 오른 적이 있다. 매출이 오르는 걸 보고 안주했다. 그때 디지털과 온라인으로 변화를 했어야 했는데 그 타이밍을 놓친 것이다. 이런 부분에 대한 설명을 담았고 지금도 노력하고 있다."

영업에 대해 다시 생각해야 한다

쌍방울의 매출액은 2015년 1426억원에서 2018년 1016억원으로 감소했다. 명품 속옷과 패스트패션 사이에서 젊은 층의 선택을 받지 못하면서 고전하고 있었다. 쌍방울이 입사 18년 차 젊은 차장을 대표에 발탁한 건 기존의 틀을 깨는 새로운 시도와 변화가 필요했기 때문이었다. 김세호 대표는 사내공모전에 낸 글에서 "지금의 시스템이면 1년이 아니라 다가오는 1월도 보장 못한다. 지금 이대로라면 회사가 망할 수도 있다"고 적었다. 새로운 변화를 위해 온라인 시장에 적극적으로 진출했고 덕분에 단시간에 온라인 매출을 10배나 늘리는 데 성공했다.

Ⓠ 쌍방울에 입사한 이후 꾸준히 영업맨으로 활동한 걸로 안다. 영업을 하면서 디지털이나 온라인 같은 분야에 관심을 가지

는 게 쉬운 일은 아니었을 텐데? 기획이나 전략 분야에는 어떻게 눈을 뜨게 됐는지도 궁금하다.

A "영업에 대해서 다시 생각해야 한다. 영업으로 배치받았지만 스스로 단순히 속옷을 팔러다니는 사람이라고 생각하지 않았다. 자동차 세일즈나 보험 세일즈는 제품에 올인해야 하지만 다른 영업사원은 단순히 제품만 파는 사람이 아니다. 영업이란 나를 파는 일이다. 사람을 판다는 뜻이다. 제품을 파는 건 내가 하는 게 아니다. 제품이 좋으면 사람들이 알아서 산다. 카탈로그만 들고 다녀도 된다. 그건 제품이 하는 일이다. 내가 하는 영업은 필요가 없는 걸 더 사게 만드는 일이다. 그게 영업사원의 능력이자 전략이다. 어떻게 그게 가능하냐면, 여기서 필요한 게 기획이고 마케팅이고 IR이다."

Q IR은 주식투자자를 상대로 하는 홍보 아닌가. 속옷 영업과 IR이 무슨 상관이 있는 건지 이해가 안 된다.

A "쌍방울에 입사하고 매년 하는 업무 중 하나가 주주총회 시즌에 주주들을 만나 위임장을 받는 일이다. 주주총회 안건에 대해 회사 측의 입장을 설명하고 위임장을 받는 일이다. 사실 영업점에서는 큰 관심을 갖지는 않았다. 그냥 매년 하는 일로 받아들이기만 했다.

하지만 나는 생각이 달랐다. 속옷 영업이 나의 주업무지만, 주주총회 위임장 받는 일에서도 1등을 하고 싶었다. 영업사원마다 지점마다 위임장을 받아온 주식 수가 확인되니 기왕이면 다홍치마라고 생각했다. 다른 영업사원들은 회사에서 정해준 대로 찾아가기만 했지만, 나는 본사에 가서 IR 담당자부터 만났다. 위임장을 받으려면 주주들을 설득해야 하는데 해당 안건과 회사 상황을 내가 잘 모르면 어렵다고 생각했다. 주주들이 물어봤는데 내가 답을 못하면 안 되니까. 처음에는 IR 담당자가 이런 걸 물어보러 오는 영업사원은 처음 봤다며 신기해했다. '제가 회사에 대해 제대로 알고 있어야 합니다'라고 답했더니 그 이후에는 친하게 지내며 많은 걸 알려줬다. 신입사원 때부터 내가 맡은 업무 말고도 회사에 대해 잘 알아야 한다고 생각했다."

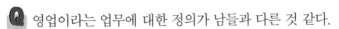

Q 영업이라는 업무에 대한 정의가 남들과 다른 것 같다.

A "나의 주된 업무를 '영업'이라는 테두리에 가두지 않았다. 마케팅이나 기획, 디자인은 결국 영업을 위한 서브 부서다. 이 모든 걸 묶는 게 영업이다. 회사 밖의 사람들, 거래처에 우리의 상황과 상품을 알리는 게 영업의 본질이다. 본사에서는 영업에 대해 수금하러 돌아다니는 거친 일이라고 치부하는 분

위기가 있지만, 나는 다르게 생각했다. 다른 부서의 동기가 '오늘 너 뭐 했냐'고 물어보면 '너희 월급 받아왔다'고 답하곤 했다."

김세호 대표가 쌍방울에 입사한 건 2003년이다. 처음부터 영업을 한 건 아니다. 처음에는 신유통사업부의 기획팀에 배치됐다. 하지만 영업 현장의 인력난에 얼마 지나지 않아 곧바로 영업부로 다시 발령이 났다. 처음 근무한 곳은 서울서부지점. 망원역 근처였다. 김세호 대표는 "조명은 어두침침하고 깜빡거리고…… 본사에 있다가 가서 그런지 실망을 많이 했다"며 당시를 떠올렸다. 하지만 실망은 오래가지 않았다. 영업에서 김세호 대표의 실력이 드러나기 시작했다.

Q 2008년 한 해에만 사내 '우수영업사원상'을 11차례 받았다고 들었다. 2009년에는 물류창고에 쌓여 있던 65억원어치의 재고를 순식간에 처리했다고도 한다. 영업에서 이렇게 탁월한 성과를 낼 수 있었던 비결이 뭔가?

A "진심이다. 거래처 점주와 바이어들은 계산적이고 철저한 사람들이다. 우리 속옷 팔아달라고 한 번 두 번 가서는 쳐다보지도 않는다. 그래서 꾸준히 계속 가는 게 중요하다. 어떤 점

포에 200만원을 파는 게 목표인데, 점주가 10만원만 주문해도 계속 방문했다. 보통 속옷 영업은 그런 식으로 이뤄지지 않는다. 내부에서 거래처나 점포마다 등급을 매긴다. 주문을 많이 하는 점포는 등급이 높고, 등급이 높은 점포 위주로 영업을 챙기게 된다. A급 매장에 2시간, C급 매장에 30분을 배정하는 게 일반적이다. 나는 반대로 했다. A급 매장에 30분, C급 매장에 2시간을 배정하고 시간을 쏟았다. 물건을 파는 게 아니라 내 사람으로 만들기 위해서였다. 그렇게 해서 C급 매장이 A급 매장으로 바뀌는 경우가 많았다.

그냥 자주 찾아가는 게 전부는 아니다. 매장 컨설팅을 해야 한다. 어떤 식으로 마케팅을 하고 인테리어를 해야 할지 설명을 드려야 한다. 그런 식으로 해서 장사가 더 잘되면 우리 물건을 팔아줄 가능성도 커지는 거다. 그런 식으로 접근하는 게 중요하다."

Q 아무리 찾아가도 받아주지 않는 경우에는 어떻게 해야 하나?

A "거의 대부분이 받아준다. 끝내 열어주지 않는 곳도 있는데, 이럴 땐 6개월 이상 하지 않는다. 여전히 방문해서 챙기지만 전처럼 정을 주지는 않는다. 사람들마다 이유가 있다. 우리 제품을 굳이 팔지 않아도 충분히 매출이 나오고 생계가 해결

된다면 우리 제품을 팔 이유가 없다. 그런 사람들에게 억지로 강요할 필요는 없다. 대신 빨리 포기하는 건 안 된다. 계속 노력하다 보면 사람 마음은 열리기 마련이다. 지위고하를 막론하고 그 사람이 나에 대해 궁금하게 만드는 게 중요하다. 나에 대해 궁금해하면 게임은 끝이다."

Q 끈질김이 성공의 비결 같다.

A "2008년에 우수영업사원상이 도입되고 1등을 하면 200만원을 준다고 회사에서 발표했다. 그때 연봉이 1400만원이었으니 200만원이면 엄청 큰돈이었다. 내가 받는 건 당연하고, 그것도 첫 번째로 받아야 한다고 생각했다. 그때는 결혼도 안 해서 집과 회사만 반복하는 삶이 다였다. 퇴근시간이라는 개념도 없었다. 선배들도 많이 도와줬다. 그렇게 한참 돌아다닌 덕분에 첫 달에 영업목표를 300% 넘게 달성해 상을 받았다. 경쟁자들의 기를 죽이는 게 중요하다고 생각했다. 압도적으로 실적을 내면 그 뒤에는 따라오기 힘들기 때문에 포기하기 마련이다. 경쟁자들이 영업목표를 20%, 30% 초과달성할 때 나는 300%를 목표로 잡았다. 그랬더니 포기하는 사람들이 생겼다. 그렇게 몇 달 연속으로 받다 보니 자연스럽게 1등이 됐다.

고민도 많이 했다. 실적이 높아지려면 본사에서 좋은 제품을 받아와야 한다. 알음알음 얻을 수도 있었지만, 나 같은 경우는 공장에서 본사에 제품이 입고되는 시간을 노렸다. 인기가 많은 신제품이 있었는데 2시 57분에 공장에서 본사에 입고된다고 해서 2시 50분쯤 기다리고 있다가 본사에 입고된 물량을 중간에 모두 받아왔다. 다른 거래처에 보내기로 했던 물량인데 내가 가져와서 팔았다. 그날은 휴대폰도 꺼놨다.

다음날 본사 담당 부장에게 용서를 구하려고 갔더니 '영업사원이 그럴 수도 있다'며 혼내지 않고 넘어갔다. 그만큼 좋은 제품을 선점하기 위한 경쟁이 치열했다."

최고가 되겠다는 '생각'이 추가합격 172번을 대표로

김세호 대표는 숭실대 섬유공학과를 나왔다. 섬유공학을 전공하고 속옷 회사에 들어갔으니 누가 봐도 준비된 커리어 같다. 10대 때부터 10년 뒤, 20년 뒤의 삶을 준비하는 인재들처럼. 하지만 김세호 대표가 섬유공학과를 택한 이유, 그리고 쌍방울에 들어간 이유는 우리의 예상과는 많이 달랐다.

 섬유공학과를 택한 이유가 궁금하다. 처음부터 패션업계에서 일하고 싶었던 건가?

A "절대 아니다. 수능 점수 때문이다. 육사를 가고 싶긴 했다. 1년 준비를 했는데 떨어졌고 그때 방황을 하기도 했다. 고등학교 3학년 때 정신차리고 공부를 했다. 목표는 한양대 정보통신공학과였다. 하지만 점수가 생각만큼 나오지 않더라. 숭실대 섬유공학과는 보험으로 넣어둔 곳이었다. 1지망, 2지망, 3지망이 있는데 3지망이 숭실대였다. 그런데 숭실대 섬유공학과도 추가합격이었다. 그때 추가합격 순번이 172번이었다. 그때는 다 떨어졌다고 생각해서 전문대에 원서를 넣었다. 재수하기는 싫었다. 그때 생긴 학교가 동아방송전문대다. 장학금도 받기로 하고 가기로 했는데 숭실대에서 전화가 왔다. 추가합격했으니 당장 등록금 내라고. 입학하고 보니 5차 추가합격이었다. 내 뒤로 3명이 더 있었다. 그렇게 숭실대 섬유공학과에 들어왔다."

Q 지금이랑은 사뭇 다른 모습이다. 대학생 때는 어땠을지 궁금하다. 대학생 김세호는 어떤 사람이었나?

A "3학년 1학기 전에는 무조건 놀아야 한다는 생각만 있었다. 내가 97학번인데 그때 제일 핫했던 가수가 H.O.T였다. H.O.T가 입고 다니던 옷 그대로 학교에 가기도 했다. 대학생 때 '또라이'라는 별명이 붙을 정도로 열심히 놀았다. 과 대표가 되

고 싶었는데 과 대표를 뽑는 날 전날 마신 술 때문에 늦어서 과 대표를 못했다. 고등학생 때 아르바이트를 많이 해서 모아놓은 돈이 많았다. 그래서 대학생 때 친구들, 후배들 열심히 밥 사주고 술 사줬다. 이런 것도 사람을 모으는 한 가지 방법이구나 하고 생각했다."

Q 공부는 언제 했나? 젊은 임원들은 올A 학점에 온갖 자격증을 갖고 있을 것만 같은 선입견이 있었는데 그렇지 않아보인다.

A "3학년 1학기에 복학하고 교수님과 면담하면서 현실을 받아들였다. 이전 4학기 동안 받아놓은 학점은 차마 눈뜨고 볼 수 없는 수준이어서……(웃음) 원래는 학교 건물 세우는 데 일조한다는 생각만 있었는데 그때부터 다시 공부를 시작했다. 하루 3시간 자면서 공부했다. 그랬는데도 점수가 많이 안 나왔다. 나중에야 시험 족보가 있다는 걸 알았다. 대학생활에서 내가 아는 게 많지 않았다는 걸 그때야 알았다. 마지막에는 시험 족보도 보면서 공부했고, 4학년에는 과에서 1등까지도 했다. 재수강한 과목만 열 과목은 됐던 것 같다."

Q 쌍방울에는 어떻게 들어오게 됐나?

A "공부 잘하는 친구들은 이미 사전에 어디서 일할지 정해놓기

때문에 취업에 신경 쓰지 않았다. 나는 4학년 2학기 때 취업 준비를 했다. 그때는 9월에 내의업계가 사람을 뽑고, 10월에 외의업계가 사람을 뽑는 게 일반적이었다. 9월에 내의업계에 지원을 했다. 쌍방울 말고도 여러 회사에 지원했는데 토익 점수도 없었다. 지원한 회사에는 다 합격했다. 그중 쌍방울을 택한 건 어머니의 선택이었다. 어머니가 아무래도 쌍방울이 제일 낫지 않겠냐고 했다. 면접 갈 때 어머니가 챙겨준 속옷을 입었는데 쌍방울 제품이었다. 마침 면접관이 쌍방울 속옷을 입고 왔냐고 물어봐서 그렇다고 답했던 기억이 난다.”

Q 패션업계, 쌍방울이라는 회사 자체를 원해서 온 게 아닌데도 빠르게 적응해서 최연소 대표가 됐다. 그 비결이 뭔가?

A “예전부터 내가 속해 있는 곳에서는 일단 최고가 되겠다는 생각을 했다. 쌍방울에 처음 입사했을 때도 대표나 CEO가 되겠다는 생각까지는 아니었지만, 내가 속한 부서, 그리고 내 동기들 중에서는 가장 잘해야겠다는 생각은 했다. 영업이라는 일은 성적표가 바로바로 나오니까, 더욱 잘하고 싶었던 것 같다. 목표를 멀리 잡는 게 아니라 가까운 것부터 잡았다.
‘나’라는 사람을 조직에, 회사에 각인시키는 건 중요하다. 나라는 사람을 조직에 처음 각인시키는 계기가 있어야 한다. 그런 계기가 베이스가 돼야 '사람'이 나한테 붙게 된다."

직장 스트레스의 가장 큰 원인은 상사나 동료와의 인간관계라고 한다. 직장인을 대상으로 한 설문조사 결과를 보면 응답자의 90%가 직장생활에서 스트레스를 받았는데 그중 가장 큰 원인은 인간관계였다. 젊은 나이에 남들보다 빠르게 승진하다 보면 동료나 상사의 시기나 질투에 시달리는 건 아닐까.

Q 회사생활을 하면서 인간관계에 어려움을 겪은 적은 없었나? 승진이 빠르다보면 인간관계에서 문제가 생길 것도 같은데?

A "시기나 질투로 어려움을 겪은 건 없었다. 그건 본인 하기 나름이다. 나는 적을 만들지 않는다. 대신에 모두와 친해지지도 않는다. '안녕하세요' '반갑습니다' 같은 말은 물론 한다. 업무적으로도 필요한 이야기를 다 한다. 그런 정도로 가깝게 지내되 더 깊게 다가가지는 않는다. 나의 마음 속에 있는 말을 다 꺼낼 필요는 없다는 것이다. 상대방을 헐뜯는 말을 뒤에서 하지도 않는다. 누군가는 그런 걸 다 지켜보고 있다."

Q 영업으로 성공한 대표가 모두와 친해질 필요가 없다는 말을 하다니 의외다. 엄청나게 외향적인 사람일 것 같았다.

A "사람을 대면할 때 절대로 내 속내를 이야기하지 않는다. 할 필요가 없다. 그런 건 오히려 친하게 지내는 데 방해가 된다. 남의 속까지 알아버리면, 쓴소리를 해야 할 때 하지 못하게 된다. 좋은 일만 있으면 상관없지만, 사람과 사람 사이에, 그리고 회사생활을 하는데 좋은 일만 있을 수는 없다. 그럴 때 방해가 된다.

그렇다고 사람들과 거리를 두고 지내라는 게 아니다. '나'라는 사람을 조직에, 회사에 각인시키는 건 중요하다. 처음 입사했을 때 전 직원이 리조트에 모여서 체육대회도 하고 장기자랑도 하는 일이 있었다. 그때 어떻게든 어필하고 싶어서 차력을 준비해갔다. 1등은 합창을 준비한 팀이 받았고 우리 팀은 2등을 했다. 워크샵이 끝나고 돌아왔더니 사내메일에 100통이 와 있더라. 인상 깊게 봤다는 이야기부터 여자친구 있냐는 연락도 있었다. 일일이 답장을 해주면서 이제는 됐다고 생각했다. 나라는 사람을 조직에 처음 각인시키는 계기가 있어야 한다. 그런 계기가 베이스가 돼야 '사람'이 나한테 붙게 된다. 그때 회사 사람들과 많이 친해졌고, 다른 부서에서 어떤 일을 하게 되는지도 알게 됐다."

Q 회사생활에서의 인간관계도 중요하지만, 일과 가정의 균형을

잡는 것도 중요하지 않나. 영업맨으로 살면서, 임원으로 살면서 일과 가정을 모두 챙기는 게 쉽지는 않았을 텐데?

Ⓐ "임원이 되기 전까지는 평일에는 정말 열심히 일하고 주말에는 오롯이 가족을 위해 보냈다. 하지만 임원이 되고 나서는 그렇게 할 수가 없게 됐다. 주말에도 업무 때문에 나와야 할 일이 생기고, 경영진 워크샵이 주말에 열릴 때도 있다. 남자 아이가 둘인데, 어느 날 아이들이 아빠를 마음속에서 놔버리는 게 느껴져서 많이 고민했다. 아내도 많이 힘들어하고. 그래서 올해는 아이들의 등굣길을 챙겨주고 있다. 자투리 시간을 쓰거나 한두 시간이라도 아이들을 위해 바짝 할 수 있는 일을 찾고 있다.

아내와는 대화를 많이 하려고 한다. 밤 11시나 12시에 집에 들어가더라도 한두 시간은 대화를 하고 자려고 한다. 회사 이야기가 아니라 아내의 이야기를 듣는다. 밤새고 출근할 때도 있지만 그렇게 해야 한다고 생각한다. 솔직히 지금은 회사에 올인하고 있다. 아내에게도 솔직하게 말했다. 이런 상황이라고. 아내가 허락해줬지만 심적으로는 많이 힘들 거라고 생각한다. 지난 2020년에는 코로나19가 겹쳐서 육아가 더 힘들었으니까. 그래도 뒤를 보지는 않으려고 한다."

Q "신입사원이 30대에 임원이 되고 싶다면 ○○을 해야 한다" 는 문장에서 ○○에 들어갈 말을 고른다면?

A "'설계'를 해야 한다. 업무에 대한 설계일 수도 있고, 미래에 대한 설계일 수도 있고, 인간관계에 대한 설계일 수도 있다. 사회생활을 하다 보면 여러 문제를 겪게 되지만 그걸 극복하고 넘어설 수 있는 길은 분명히 있다. 그걸 찾기 위해서 설계가 필요하다. 어려움이나 난관을 견뎌내고 넘어서는 게 중요하다. 그 한 단계만 넘어서면 된다."

김세호 대표는 자신의 인생을 꼼꼼하게 설계해온 사람은 아니다. 10대 때의 꿈과 지금의 모습이 다르고, 대학생 때도 마찬가지였다. 추가합격 172번이 보여주듯 학창시절 공부만 하던 모범생도 아니었다.

하지만 김세호 대표는 매 순간순간 최고를 꿈꾸며 최선을 다했고, 그런 노력이 모이고 모여 최연소 대표라는 타이틀까지 달았다. 오늘 생긴 어떤 일이 삶 전체로 봤을 때 기회인지 위기인지는 누구도 알 수 없다. 육사에 지원했다 탈락한 건 그 순간에는 '실패'였지만, 김세호 대표의 삶 전체에서는 실패가 아니었다. 포기하지 않고 늘 최고를 향하는 노력이 김세호 대표의 삶을 바꿔놨다.

"노후화된 브랜드 이미지가 단점이자 장점이 될 수 있습니다. 상품이나 조직에서 시작될 수도, 사람에게서 시작될 수도 있습니다. 할 수 있습니다. 분명 희망이 있습니다. 잘 부탁드립니다."

김세호 대표가 사내공모전에 낸 '새로 오시는 부사장에게 드리는 글'은 이렇게 끝이 난다. 단점이 될지, 장점이 될지, 삶의 결승선에 서기 전까지는 알 수 없다. 마지막까지 포기하지 않는 것, 그리고 매순간 노력하는 것, 희망을 찾는 것, 김세호 대표의 삶이다.

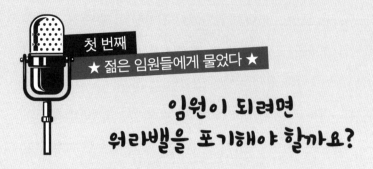

첫 번째
★ 젊은 임원들에게 물었다 ★

임원이 되려면
워라밸을 포기해야 할까요?

2018년 4월 아마존 최고경영자(CEO)인 제프 베이조스의 말 한마디가 큰 화제가 됐다. 세계 최대 유통회사를 일궈낸 베이조스는 독일 베를린에서 열린 한 시상식에 참석해 이렇게 말했다.

"일과 생활의 균형을 찾으려고 하지 마세요."

당시만 해도 한국뿐 아니라 전 세계적으로 워라밸이 화두였다. 직장인은 일과 생활의 균형을 잡기 위해 업무를 줄이고, 기업들은 워라밸이 가능하게끔 업무 강도를 낮추고 휴가 제도를 개선하는 게 유행이었다. 그런데 세계 최대 기업 중 한 곳의 총수가 사실상

'워라밸은 없다'고 선언한 것이다. 당장 아마존은 '반워라밸' 기업으로 낙인이 찍혔고, 아마존의 노동 강도를 비판하는 내부 증언과 기사도 줄줄이 이어졌다.

하지만 시간이 지나면서 베이조스의 말은 또 하나의 표준이 되고 있다. 워라밸의 시대가 가면서다. 경영전문가들은 베이조스의 말을 '워라밸' 대신 '워라하(Work-Life Harmony)'라는 개념으로 풀어내고 있다. 워라하는 일과 생활의 조화를 추구하는 개념이다. 워라밸이 일과 생활을 분리하고 서로 적대시하는 것에 대한 반발 속에 워라하 개념이 등장했다. 일과 생활을 분리해서 어느 한쪽을 택하는 게 아니라 그때그때 상황에 맞춰서 일과 생활을 적절하게 섞자는 것이다.

경쟁이 치열한 실리콘밸리에서는 '워라초'라는 말도 등장했다. 밸(Balance)의 자리에 초(Choice)가 대신 들어갔다. 의미는 워라하와 비슷하다. 일과 생활 중 어디에 더 비중을 둘지 개인의 선택에 맡겨야 한다는 것이다. '9 to 5'의 근무시간을 강요하는 것은 기업에게나 개인에게나 전혀 도움이 되지 않는다는 말이다.

한국의 젊은 임원들도 비슷한 생각들이다. 류영준 카카오페이 대표는 '워라코'라는 단어를 꺼내들었다. 밸의 자리에 조화, 조정을 뜻하는 코(Coordination)를 대신 넣었다. 이게 무슨 뜻일까. 류영준 대표는 "살다보면 직장과 업무에 몰입해야 하는 시기가 있고, 가족을 돌보는 데 힘을 쏟아야 하는 시기가 있다"며 "상황에 따라 어디에 집중해야 할지를 조정해야 한다"고 말한다.

워라밸이라는 표현은 일과 생활의 기계적인 균형을 추구하는데, 실전은 그렇게 기계적인 균형만을 추구할 수는 없다는 뜻이다. 그는 "우리는 경쟁사회에 살고 있고 뽑기가 아닌 이상 실력에서 승부가 날 수밖에 없기 때문에 실력을 키우려면 시간을 투자해야 한다"고 말한다.

워라밸이라는 말에 고개를 가로젓는 건 대기업과 스타트업 임원 모두가 마찬가지였다. 김수연 LG전자 상무는 "AI 기술의 자가발전을 많이들 이야기하지만 인간이 무언가에 빠져서 몰입하는 것만큼 강력한 에너지는 없다"며 "스스로 좋아서 몰입하는 것이 성공의 필수요소"라고 말했다. 김숙진 CJ제일제당 상무도 "일이 재밌어서 일주일에 7일을 일하고 새벽까지 일해도 힘들지 않았다"며 "스스로 엔돌핀이 도는 일을 찾으면 된다"고 말했다. 정민영 네이버 책임리더도 같은 말을 했다. 정 책임리더는 "아침에 눈떴을 때 회사 가는 게 싫다면 그만둬야 한다"며 "재밌게 일할 수 있는 곳을 찾아다녔다"고 말했다.

스타트업에서 일하는 노대원 슬럭 이사와 이진호 슈퍼메이커즈 대표도 일을 대하는 자세를 강조했다. 노대원 이사는 "여가를 누릴 수 있는 시간이 상대적으로 엄청 적은 건 맞다"면서 "이런 삶이 가능한 이유는 일이 삶에서 완전히 분리된 게 아니라 일을 통해서 얻을 수 있는 즐거움이 있기 때문"이라고 했다. 이진호 슈퍼메이커즈 대표 역시 "어설프게 금수저들의 워라밸을 흉내 내면서 괴로워하느니 워라밸을 포기하고 승부를 보자는 생각을 했다"며 "일을 통한 성장에서 즐거움을 찾아야 한다"고 강조했다.

이진호 대표가 좋아하는 일본의 유명 경영인인 이나모리 가즈오를 읽어보는 것도 도움이 될 수 있다. 일본에서 경영의 신으로 불리는 이나모리 가즈오는 "일에서 즐거움을 찾아야 삶에 의미가 있다"는 말로도 유명하다. 우리는 하루 중 가장 많은 시간을 '일'을 하는 데 쓴다. 잠을 자는 시간이나 밥을 먹는 시간, 게임을 하거나 운동을 하는 시간도 일을 하는 시간보다 많기가 쉽지 않다.

베이조스나 이나모리 가즈오, 그리고 한국의 젊은 임원들이 워라밸이 아닌 일에서 즐거움을 찾는 이유도 결국 같은 맥락이다. 하루 중 가장 많은 시간을 쏟는 일에서 즐거움과 행복을 찾지 못한다면 나머지 라이프에서도 밝은 에너지를 가지고 살기 힘들 수밖에 없다는 뜻이다.

재봉질이 서툴렀던 패션학도, 글로벌 은행 임원이 되다
유기숙 한국씨티은행 전무

눈앞의 보상보다는 평생 가치를 생각하라
정민영 네이버 클로바 기술 리더

연쇄창업러의 성공 비결… 배수진은 필패다
이진호 슈퍼메이커즈 대표

2부

구체적인 꿈을 꾸고,
성장을 즐겨라

재봉질이 서툴렀던 패션학도,
글로벌 은행 임원이 되다

유기숙 한국씨티은행 전무

패션 디자이너를 꿈꾸며 대학에 들어갔지만, 지금은 숫자와 씨름하는 은행원이 된 사람이 있다. 한국씨티은행의 커머셜사업본부를 총괄하는 유기숙 전무의 이야기다. 한국씨티은행은 여성 임원 불모지인 한국에서도 여성 임원 비율이 30%를 웃도는 희귀한 존재다. 2020년 10월에는 유명순 수석부행장이 한국씨티은행장에 오르면서 국내 민간은행 첫 여성 은행장을 배출하기도 했다.

여성 임원이 드물지 않은 곳이지만, 이곳에서도 유기숙 전무의 존재감은 남다른 구석이 있다. 경제학과 경영학, 통계학 같은 경제 · 금융 전공자가 득시글거리는 은행권에서, 의류학과 출신으로 임원 자리에 오른 것부터 그렇다. 유기숙 전무는 1972년생이지만 처음 임원이 된 건 30대 중반의 일이다. 유기숙 전무는 2007년부터 2010년까지 SC제일은행에서 파생상품 및 금융기관리스크 관리 책임자를 맡았는데 글로벌 SC 기준으로는 'Head', 한국식으로는 상무대우의 자리였다. 이후 한국씨티은행으로 자리를 옮겼고 2013년에 본부장을 맡으며 역시 임원의 자리에 올랐다. 이때도 그의 나이는 40대 초반에 불과했다.

은행권은 일반 기업보다 문화와 분위기가 보수적인 편이다. 작은 실수 하나가 큰 금융사고로 연결되기 때문이다. 이런 은행권에서 어떻게 30대 중반의 여성이 임원의 자리에 오를 수 있었을까. 더 놀라운 건 30대 중반에 임원의 자리에 오른 뒤 그 자리를 10년 넘게 지키는 것도 모자라서 한 단계 한 단계 더 나아가고 있다는 점이다. 1년짜리, 2년짜리 임원이 태반인 한국 사회에서 유기숙 전무는 어떻게 '창업'보다 어렵다는 '수성'에 성공하고 있는 걸까. 수많은 물음표를 머릿속에 가진 채로 서울 서대문의 한국씨티은행 본점에서 유기숙 전무를 만났다.

🅠 서울대 의류학과 출신이다. 은행 임원 중에는 경제학이나 금융 전공자가 많은데 의류학과 출신이라고 하니 생소한 게 사

실이다.

A "처음에는 디자이너가 되고 싶었다. 그래서 의류학과를 갔는데 재봉질이 너무 어려웠다. 그래서 일찌감치 디자이너를 포기했다. 그다음에는 패션회사에서 MD가 돼야겠다고 생각했다. 그런데 막상 알아보니 패션회사 MD는 너무 박봉이어서 대학생 때 과외로 벌던 수입보다 줄어드는 셈이었다. 그래서 주위에 어떤 직업이 돈을 잘 버는지 물어봤더니 은행을 많이 추천했다. 그때 대학원 전공을 금융으로 정했고 이후에 코리안리라는 재보험사에 들어갔다."

Q 금융으로 진로를 바꾼 이유가 돈이었던 셈인데?

A "서울대 의류학과를 나왔지만 패션 쪽에 재능이 있었는지 잘 모르겠다. 공부를 하면서 일찌감치 스스로에게 실망을 많이 했다. 패션에 대한 재능이 있다기보다는 성적으로 입학하다 보니 생기는 고민이 아니었나 싶다. 서울대 의류학과 출신 중에 금융 쪽에서 일하는 사람들이 많은데 이런 이유도 있지 않을까 싶다. 의류학과 다니면서 경영학 수업도 많이 들었는데, 그 덕분에 재무나 회계 분야가 어렵지 않게 느껴졌고 자연스럽게 전공을 바꾸게 된 것 같다."

현모양처를 꿈꾸던 패션 꿈나무… 은행원의 길을 걷다

Q 금융업이나 은행업에도 다양한 분야가 있다. 그중에서도 커리어의 대부분을 리스크 관리 분야에서 보냈다. 리스크 관리를 택한 특별한 이유가 있나?

A "다른 사람들은 여러 선택지 중에 하고 싶은 걸 택하는 것 같은데, 나는 하고 싶은 것보다 잘할 수 있는 걸 택했다. 대학원 다닐 때부터 CFA(공인재무분석사) 준비를 했고 미국에서 MBA 할 때도 AICPA(미국공인회계사) 시험을 봤다. 아무래도 숫자에 익숙해지다 보니까 리스크 쪽 업무를 택하게 됐다. 또 하나 중요한 이유가 있다. 내 꿈이 '현모양처'였다. 결혼을 일찍

하고 은행업계에 뛰어들게 됐는데, 세일즈보다는 리스크 업무를 맡는 게 가정을 좀 더 챙길 수 있는 선택이라고 판단했다. 나는 항상 가족이 먼저였다. 나 자신보다도 가정을 더 소중하게 생각했다. 내가 일을 잘하면서 동시에 가정도 잘 챙길 수 있는 분야가 무엇일까 생각했는데 그게 바로 리스크 관리였다."

Q 현모양처가 꿈이라는 게 의외다. 한국 사회에서 여성이 기업 임원을 하면서 현모양처를 꿈꾸는 게 가능한 일일까. 비단 한국 사회에만 적용되는 명제는 아닌 것 같다. 영화 '악마는 프라다를 입는다'를 보면 성공한 패션 잡지사의 편집장인 미란다는 '일 때문에 가정을 버린 여자'로 낙인찍혀 있다.

A "나는 일과 가정이 양립할 수 없다는 생각 자체가 이상하다고 본다. 왜냐하면 내 롤모델이 어머니였기 때문이다. 우리 집은 2남 2녀였다. 어머니는 선생님이었고 시어머니를 모시고 살았다. 종갓집이었기 때문에 집안일도 많았다. 하지만 어머니는 이런 상황에 대해 한 번도 불만을 내비친 적이 없었다. 그걸 보면서 나도 일과 가정을 함께 챙기는 게 당연하다고 생각하게 된 것 같다."

여기까지 말하고 유기숙 전무는 쓴웃음을 지었다. 현모양처가 꿈은 맞는데 아직도 못 이룬 것 같다는 이유였다. 그는 "양처까지는 어떻게 되는 것 같은데, 현모는 지금도 노력을 많이 하고 있다. 현모가 되는 건 아직까지도 어려운 것 같다"고 털어놨다. 30대의 나이에 은행 임원이 된 유기숙 전무 역시 워킹맘의 고충은 쉽게 해결하지 못한 것 같았다.

Q 직장에서는 원더우먼이지만 아이들 앞에서는 한없이 약해지는 게 워킹맘의 삶이라고 들었다. 실제로 그런가.

A "아이들 교육에 굉장히 열정이 많았다. 현모가 돼야 한다는 생각도 많았고. 그런데 쉽지가 않다. 한동안은 아이와 나를 동일시한 적이 있었다. 그걸 끊어내기까지 시간이 제법 걸렸다. 시행착오도 많았고. 예를 들면 내가 생각하기에 A라는 선택지가 맞는데 아이는 A 대신 B를 선택하는 상황이 생긴다. 내가 맞다고 생각하는 답을 아이가 고르지 않으니까 어느 순간 그걸 강요하게 되더라. 내 경험에서 나온 통계값을 아이에게 강요한 것이다. 이런 문제로 병원에서 함께 상담을 받기도 했다. 그 이후에는 다름이라는 걸 인정하게 됐다. 반성도 많이 했고. 지금도 아이를 완전하게 존중하고 있다고는 생각하지 않지만, 나름대로 허벅지 꼬집어가면서 노력한다.

어머니 생각도 한다. 남동생이 둘 있는데 하나는 학업이 뛰어났고 다른 하나는 성품이 좋았다. 서로 다른 아이들이었는데 어머니는 항상 둘을 공평하게 대하시고 한 번도 둘을 비교한 적이 없었다. 이런 걸 생각하면 모든 사람이 똑같지 않다는 결론에 다다른다. '내가 가장 빠른 길을 알려줄게' '너네는 이렇게 하면 돼' 이런 말이 정답이 아닌 걸 깨달은 것이다. 사람마다 잘하는 일이 다르고 저마다 가진 재능이 다르다. 그걸 찾아주기만 하면 된다."

Q 자녀 교육 이야기로 시작했는데 리더십에 대한 이야기로 자연스럽게 이어지는 것 같다.

A "리더란 도대체 뭘까. 그저 경험이 많다고 리더라고는 생각하지 않는다. 우리 어머니 같은 사람, 아니면 아침에 사무실을 청소해주는 사람도 리더일 수 있다. 리더를 결정하는 건 마음가짐이다. 리더십이란 다시 말해서 오너십이라고 생각한다. 뭔가를 자발적으로 하는 사람들. 영어로 말하면 'self-driven'이 되는 사람이 리더라고 본다. 상황에 끌려가거나 밀려나서는 리더가 될 수 없다. 또 자리가 사람을 만드는 것도 아니다. 리더라는 포지션이 주어진다고 리더가 되는 것도 아니니까.

스티브 잡스가 스탠포드대학 졸업식에서 한 유명한 말이 있다. 'Stay hungry, stay foolish(늘 갈망하고, 우직하게 나아가라)' 나는 이 말을 믿는다. 사람이 욕심을 내고 탐욕스럽게 이익만 추구하면 결과물은 실망스러울 가능성이 크다. 그보다는 내가 하는 일에 좀 더 진실하고, 순수하게 보일 정도로 달려들어야 한다. 부하직원들이 보스를 평가하는 기준은 '능력'이 아니다. 일을 잘하는 건 어려운 게 아니다. 그보다는 보스가 얼마나 이 일에 '열정'을 가지고 있는지 평가한다."

매니징은 보스만 하는 게 아니다. 내가 보스를 매니징해야 한다

Q 기억에 남은 상사가 있나. 롤모델이나 멘토로 부를 상사가 있는지 궁금하다.

A "처음 씨티은행에서 리스크 업무를 담당했을 때 만난 보스가 있다. 자주 연락하지도 않지만 명절날 유일하게 연락드리는 분이다. 그분이 답을 안 할 때도 많은데 계속 연락드린다. 그분은 사실 나를 엄청 혼냈던 사람이다. 내가 씨티은행에 처음 입사할 때 첫째 아이를 임신하고 있었다. 임신 중이었지만 내 입장에서는 어려운 업무를 처음부터 맡아서 해보고 싶었다. 자산건전성이 안 좋은 업체들을 관리하고 재구조화하는 작업을 맡겨달라고 했고 실제로 업무를 맡았다. 그런데 출산한

이후에 첫째 아이가 몸이 많이 안 좋았다. 중환자실에 입원해 있어야 할 정도였다. 그러다 보니 나도 정신이 없었고, 제출해야 할 보고서를 제대로 마무리하지 못하고 엉망인 상태로 제출한 적이 있었다. 그때 그분이 내 앞에다가 보고서를 던지면서 '너 이럴 거면 하지 마'라고 한마디했다. 그 순간이 지금도 기억난다.

주변에서는 나를 많이 걱정해줬는데 나는 오히려 그 한마디가 정신을 차리는 계기가 됐다. 아픈 아이를 돌보는 것도 내 일이지만, 회사 업무도 내 일이라는 걸 명확히 깨달았다. 일과 가정의 '온앤오프', 그리고 책임감에 대해서 생각하는 계기였다."

Q 아이가 중환자실에 입원해 있는데 회사에서 조금 배려해줄 수도 있지 않을까? 그 상황에서 모든 일을 완벽하게 처리하는 게 오히려 이상한 일 아닐까.

A "그때는 이렇게 생각했다. 내가 하는 일을 누군가가 내게 맡겨줬다는 것에 대해 너무 감사하다고. 그리고 이 일을 책임감을 가지고 처리해야겠다고 생각했다. 나같이 형편없는 사람에게도 누군가가 일을 주는구나. 뭔가를 더 하라고 하는구나. 이 사실이 너무 감사하게 느껴졌던 것 같다. 그 이후로 주

중에는 일에만 집중했다. 보스에게 혼난 게 2003년도 일인데, 그 이후로 회사에서는 집에 대한 생각이 별로 안 나더라. 첫째 아이가 한동안 아팠는데 모든 휴가는 첫째 아이의 병원 관련해서만 썼다. 첫째 아이가 일곱 살이 되기 전까지는 여행이나 휴식을 위한 휴가를 단 한 번도 써본 적이 없다. 대신에 주말에는 가정에 집중했다. 지금도 골프를 안 치는데, 가장 큰 이유가 남편과 아이들이다."

Q 일과 가정의 온앤오프가 완벽해야 한다는 말에 전적으로 동의한다. 하지만 머리로는 알아도 몸이 실천하기가 쉽지 않은 일이다.

A "내가 하는 일이 재밌어야 하고 책임감을 가져야 한다. 쉬운 일은 아니다. 둘째 아이를 가졌을 때 일이다. 첫째 때는 양수가 일찍 터져서 3주 정도 먼저 아이를 낳았다. 한 번 해보니까 쉽지 않겠다 싶어서 둘째 때는 제왕절개를 하기로 하고 날짜를 잡아놨다. 그때는 크레딧스위스 서울지점에서 리스크 매니저로 일할 때였다. 보스한테 찾아가서 출산일을 알려주고 3개월 정도 출산휴가를 가겠다고 이야기했다. 그때만 해도 출산 후에 짧으면 3개월 길면 5개월 정도 쉬었다. 대신 보스에게 출산휴가 들어간 3개월 동안 내가 없어도 업무에 지

장이 하나도 없게끔 하겠다고 이야기했다.

삼성병원에 입원했는데 입원실에 노트북을 챙겨가서 앞으로 3개월 동안 해야 할 일들을 모두 정리해놓고 아이를 출산했다. 임신한 동안에 오히려 더 바빴던 것 같다. 몇 달치 일을 미리 해야 하니까. 쉬는 건 쉬더라도 업무에 지장이 없게끔 하는 게 필요하다. 내 일은 다른 누가 대신해줄 수 없다는 마음가짐을 가져야 한다."

2020년 기준 국내 200대 상장사 등기임원 중 여성 임원의 비율은 단 4.5%였다. 200대 상장사 중 여성 임원이 한 명도 없는 회사가 73%에 달했다. 여성 임원이 없다는 건 여직원들이 회사에서 롤모델로 삼을 만한 상사가 없다는 말이기도 하다. 유기숙 전무는 한국씨티은행 여성위원회 위원장을 맡으며 은행 내 여성 리더를 육성하는 일에 적극적으로 나섰다.

Q 상사와의 커뮤니케이션을 많은 직장인이 어려워한다. 상사의 마음을 움직일 수 있는 비법이나 전략이 있나.

A "기대관리(Expectation management)가 중요하다. 주말에는 가정에만 집중한다고 했다. 나는 이 이야기를 보스들한테 항상 했다. 주말에는 나를 찾지 말라고. 지나고 나서 보니 이게

참 중요했다. 많은 사람이 '매니지먼트'에 대해 말할 때 '매니지다운'을 먼저 생각한다. 보스가 부하직원을 어떻게 매니지먼트 하는지만 생각하는 것이다. 하지만 저는 부하직원이 자신의 보스를 매니지먼트 하는 '매니지업'이 더 중요하다고 본다. 내가 할 수 없는 일을 기대하면 보스는 나에게 실망할 수밖에 없다.

예를 들어 리스크 관리 업무를 하다가 최근에 비즈니스로 파트를 옮겼다. 비즈니스 파트에서는 주말에 골프를 치는 경우가 많은데 나는 옮기면서 행장님께 '저는 골프를 칠 수 없습니다'라고 말했다. 고객들에게도 마찬가지로 골프는 칠 수 없다고 이야기했다. 이렇게 미리 말을 해놓아야지 불필요한 기대를 갖지 않게 된다. 할 수 있는데 안 한다고 생각하는 것과 못하는 것은 큰 차이다.

SC은행에서 일할 때 보스가 이런 말을 한 적이 있다. 너는 왜 자꾸 '예스'만 하냐고. 그때는 시키는 걸 모두 한다고 했는데 그러다 보니 얼굴이 점점 안 좋아졌다고 했다. 천하무적처럼 보이고 싶고, 모든 걸 할 수 있는 사람처럼 보이고 싶었던 거다. 보스가 '너 정말 이거 하고 싶어서 하는 거냐'고 물어봤다. 그래서 솔직하게 '별로 하고 싶지는 않은데 그렇게 이야기하면 나쁜 평가를 받을까봐 한다'고 말했다. 그랬더니 잘못된 커뮤니케이션이라고 지적해주더라. 할 수 있는 능력은 되지만 지금 상황이 이러저러해서 지금은 그 업무를 하고 싶지 않다는 메시지를 분명하게 전달해야 한다는 것이다. 그렇지 않으면 보스는 계속해서 많은 걸 요구하게 되고, 결국 나는 번아웃이 될 수밖에 없다는 설명이었다.

이런 부분이 갈수록 중요해지는 것 같다. 요즘 젊은 직장인을 보면 두 가지 부류로 나뉜다. 뭐든지 적극적으로 달려들다가 쉽게 번아웃되거나, 아니면 승진도 인정도 포기하고 살거나. 번아웃되지 않기 위해서는 매니지업이 중요하다."

Q 상사를 매니지업 한다는 건 정말 중요한 부분이다. 하지만 한국 사회의 분위기나 직장문화에서 상사에게 솔직하게 나의 상황을 설명하는 게 쉬운 일은 아니다.

A "매니지다운 해서 부하직원의 성과를 많이 내게 하는 것도 중요하지만, 보스를 매니지먼트 해서 보스가 날 제대로 인정해주는 것도 정말 중요하다. 내가 할 수 없는 일에 대해서는 더 이상 나한테 기대하지 않도록 만드는 것도 중요하다는 것이다."

Q 어떻게 해야 상사가 기분 나쁘지 않게 나의 상황을 정확하게

설명하면서 매니지업을 성공적으로 할 수 있을까. 솔직히 쉬운 일은 아닌 것 같다는 생각에 계속 비슷한 질문을 하게 된다.

A "내 보스가 무슨 일을 하는지 궁금해해 봤나? 보스의 일을 궁금해해야 한다. 내가 초짜 애널리스트일 때는 항상 애널리스트 헤드가 무슨 일을 하고 있는지 궁금했다. 그 헤드의 헤드는 무슨 일을 할까. 이런 호기심이 늘 있었다. 당장 이 일을 그만두고 내가 헤드가 되더라도 아무런 문제가 없게끔 내 보스가 하는 일을 미리 알아두고 공부하려고 했다. 우린 항상 지금 주어진 일에만 매몰된다. 그 일이 끝나면 내 할 일 다 했어, 이러면서 퇴근한다. 그렇게 하지 말고 내 보스는 무슨 일을 하는지, 내가 보스에게 준 보고서나 정보를 가지고 보스가 어떻게 활용하는지, 보스의 하루는 어떤지 그런 걸 상상해보고 도울 수 있는 건 도와야 한다.

나는 항상 내 보스나 상사가 빨리 승진하길 바랐다. 조직은 혈액순환하듯 돌아야 한다. 내가 움직여야 내 밑에 있는 직원도 함께 움직인다. 그렇게 움직이려면 일찌감치 내가 다음에 올라갈 자리에 대한 준비를 해둬야 한다. 보스가 무슨 일을 하는지 알고, 그 자리에서는 무슨 능력이 필요한지 알아두고 미리 준비하라는 것이다. 머릿속으로는 항상 보스의 입장에서 롤플레이해야 한다. 하루 업무가 끝나면 집에 가서 10분이나 15분이라도 내가 했던 일을 정리해보고, 내 보스는 내가 한 일에 대해서 어떻게 평가할까 생각해봐야 한다."

임원에서 부장으로··· 이직의 기준은 승진이 아니다

스텝 백(Step back)이라는 스포츠 기술이 있다. 원래는 탁구에서 주로 쓰는 용어인데 요즘은 농구에서 더 자주 쓰인다. 탁구에서 스텝 백은 선수가 공을 친 후에 발을 뒤로 빼는 동작을 말한다. 상대방의 공격을 대비하는 동작이다. 이에 비해 농구에서 스텝 백은 수비와의 대치 상황에서 순간적으로 뒤로 발을 움직여 거리를 벌린 뒤 슛을 하는 동작을 말한다. 미국 프로농구 NBA의 슈퍼스타 스테픈 커리나 제임스 하든의 시그니처 동작이다. 스포츠에서 쓰이는 기술인 스텝 백이 유기숙 전무의 입에서도 나왔다. 이직의 기준을 묻는 질문에 대한 답을 하면서였다.

경력을 보면 SC제일은행에서 2010년까지 임원을 하다가 한국씨티은행에 부장으로 이직했다. 같은 외국계 은행인데 임원에서 부장으로 직급을 낮춰서 이직을 했다니 의외다. 특별한 이유가 있었나.

"승진을 위해 이직을 한 적이 없다. 이직을 할 때는 내가 해야할 일이 얼마나 매력적인지가 중요한 기준이었다. 뭔가 배울 수 있는 것이 있어야 한다. SC은행에서 씨티은행으로 이직할 때 직급도 낮아졌고 연봉도 깎였고 내가 할 수 있는 권한도 줄었다. SC은행에선 임원으로 할 수 있는 승인 권한이 많았는데 씨티은행에서는 처음부터 하나씩 만들어가야 했으니까. 씨티은행은 리스크 관리 측면에서는 사관학교 같은 곳이다. SC은행에서 하고 있던 것보다 더 다양하고 폭넓은 업무를 할 수 있겠다고 생각한 것도 있다. SC은행에서는 금융기관이나 공기업 같은 거버먼트 관련 업무를 많이 했는데, 씨티은행으로 옮기면 기업과 관련된 업무를 할 수 있었다. 기존에 했던 업무와 다른 분야를 경험할 수 있다는 점도 매력적이었다. 또 씨티은행이 워낙 글로벌한 은행이다 보니 커버하는 국가가 훨씬 많다. 좀 더 국제적인 리스크 관리를 배울 수 있을 것이라는 기대도 있었다."

Q 2018년부터 한국씨티은행의 CRO(Chief Risk Officer, 최고 리스크 관리자)를 맡고 있다가 지난해 4월에 커머셜사업본부 전무로 자리를 옮겼다. 둘 다 고위 임원이지만 굳이 따지자면 CRO가 더 높은 자리 아닌가. 이것도 업무 영역을 넓히기 위한 스텝 백이라고 생각하면 되나.

A "그렇게 볼 수 있다. 리스크 관리 업무는 뒷단에서 돌아가는

조직이다. 중요한 업무라고 하지만 판을 짜고 전략을 만들고 실행하고 이런 일들은 비즈니스 부서가 맡고 있다. 그런 부분에 대한 갈증이 있었다. 그걸 해소하기 위해 비즈니스를 맡게 된 것이다. 어느 순간까지는 내가 잘하는 걸 하는 게 중요하다. 하지만 할 수 있는 일을 다 한 뒤에는 스스로 발전하기 위해 무엇을 해야 할지 고민이 필요하다. 그렇게 찾아보다가 우리 은행에서 중소중견기업 포트폴리오 부분에 조금 어려운 게 있었는데, 내가 맡아서 하면 변화를 일으키고 잘할 수 있겠다는 판단이 들었다. 계속해서 리스크 관리를 하면서 회사에 기여하는 것보다 비즈니스로 자리를 옮겨서 기여할 수 있는 게 더 클 것 같다는 나름의 자신감이 있었다."

Q 은행뿐 아니라 사회 전체로도 여성의 약진이 이어지고 있다. 한국씨티은행처럼 기관장이나 CEO를 여성이 맡는 경우도 계속 늘어나지 않을까 싶다. 여성 후배들에게 자주 하는 조언 같은 게 있을까.

A "친한 여성 후배들에게는 '징징대지 말라'는 말을 종종한다. 사소한 문제는 신경 쓰지 말고 그냥 치워버리라고 이야기해 준다. 여성 리더들이 지적받는 부분이 너무 사소한 것들을 하나하나 지적하고 다 고치려고 한다는 점이다. 어떤 문제가 실

질적인지 따져보는 연습을 해야 한다고 많이 이야기한다. 사소한 건 신경 쓰지 말고 정말 실질적인 문제들에 대해서만 집중하라는 이야기다.

또 윗단의 정책에 집중하라는 이야기도 많이 한다. 은행 업무를 보면 윗단의 정책이 있고 밑단의 실행으로 나뉜다. 정책이 업무를 어떻게 처리할지 규칙과 제도를 만드는 일이라면 실행은 그걸 단순하게 수행하는 오퍼레이션 업무다. 그런데 은행에서 일하다 보면 정책은 남자가 만들고, 실행은 여자가 수행하는 경우가 많다. 주어진 규칙이나 제도 아래서 오퍼레이션을 잘하는 것도 중요하지만, 그 판 자체를 깨고 내가 새로운 판을 짜는 능력도 필요하다. 여성 직원들에게 그런 기회가 많이 없는데 스스로 연습하고 도전하는 습관을 가져야 한다. 어떻게 해야 이 판을 깰 수 있을지 고민하라는 말이다."

Q 여성으로서 발휘할 수 있는 장점은 무엇이 있을까.

A "디테일에 굉장히 강하고, 따뜻한 마음으로 조직을 챙겨주는 능력도 있다. 앞에서 이야기한 부분들을 채우면서 이런 장점을 발휘할 수 있다면 저는 앞으로 여성들이 정말로 많은 조직에서 중요한 역할을 하게 될 거라고 생각한다. 판을 짤 수 있는 능력을 키우고 인사이트를 길러야 한다."

Q 타임머신을 타고 과거로 갈 수 있다면 스타트업을 해보고 싶다고 했다. 이것도 같은 맥락인가.

A "맞다. 나는 판을 짜는 일을 좋아한다. 그런데 외국계 은행에 있다 보니 아무래도 그런 일을 할 일이 많지 않았다. 외국계는 헤드쿼터가 뉴욕이든 런던이든 해외에 있다. 헤드쿼터에서 판을 짜면 현지 지점에서는 그걸 잘 수행하는 걸로 평가를 받는다. 결정을 하는 사람들은 본사에 있으니까.

외국계 기업에 여성 임원이 많은 것도 사실 이런 이유라고 본다. 판을 짜는 능력보다 짜인 판에서 업무를 잘 수행하는 능력이 중요하다 보니 그런 부분에 강점이 있는 여성 임원이 많아지는 게 아닐까. 다시 과거로 돌아간다면 이런 이유로 스타트업을 해보고 싶다. 기왕 판을 짤 거라면 정말 새롭게 무언가에 도전해보고 싶은 마음이다. 실패하더라도 말이다."

멍청해 보여도 괜찮아

유기숙 전무는 이번 책을 쓰기 위해 우리가 만난 13명의 임원 중 유일한 외국계 기업 임원이다. 국내 기업과 외국계 기업에 모두 지원하다 우연히 들어온 것도 아니고, 처음부터 외국계 금융사 입사를 준비했다고 한다. 홍콩이나 도쿄, 싱가포르에 이어 서울에 아시아 지역 본부를 두는 외국계 기업이 늘고 있다. 외국계 기업을 목표로 취업 준비를 하는 학생도 많아지고 있다. 외국계 기업에 입사하기 위해, 확실하게 눈도장을 찍으려면 어떤 자질이 필요할까.

Q 외국계 기업에 입사하려면 어떤 준비를 해야 하나.

A "첫째는 자신감이다. 그다음 다양성을 존중할 수 있는 오픈 마인드다. 인터뷰할 때 지원자의 자신감이 다 보인다. 프리젠터블(presentable)한 모습을 보여줘야 한다. 프리젠터블하다는 건 핵심을 찌르면서 복잡하지 않게 쉽게 말하는 걸 뜻한다. 외국계 기업에선 커뮤니케이션 능력, 프리젠테이션 능력이 특히 중요하기 때문에 이 점을 분명히 기억해야 한다.

한국어는 상당히 공손한 언어다. 하지만 영어는 한국어와 달리 직설적인 언어고, 외국계 기업은 주로 영어로 의사소통을 한다. 외국계 기업에서 지원자들 인터뷰하다 보면 한국어로 표현하는 게 입에 익어서인지 영어로도 공손하게 말하려고 하고, 돌려서 말하려는 모습이 보일 때가 있다. 그러면 인터뷰어 입장에서는 답이 뭐라는 건지, 무슨 말을 하려고 하는 건지 이해하기 어려운 경우도 있다."

Q 본인 스스로가 생각했을 때도 그런 성격인가. 직설적으로 말한다는 게 쉽지가 않을 수 있는데.

A "내가 개선할 수 있고 중요한 부분에 가급적이면 에너지를 집중하고 사소한 것들에 무관심하려고 노력한다. 스트레스는 내가 평가하는 나와 남이 평가하는 나와의 간격에서 주로 나온다. 따라서 먼저 간격이 있는 건수를 줄일 필요가 있고, 중요한 간격을 발견한 즉시 정확하고 열린 커뮤니케이션을 통해 타협점을 찾는 게 스트레스 관리에도 도움이 된다."

Q 인터뷰를 하면서 공통으로 하는 질문이다. "신입사원이 30대에 임원이 되고 싶다면 ○○을 해야 한다"는 문장에서 ○○에 들어갈 말을 고른다면?

A "꿈이 있어야 한다. 그런데 이 꿈이라는 게 단순한 '드림'이 아니라 내가 어떤 변화를 만들겠다는 구체적인 꿈이어야 한다. 회사에 입사해서 아래부터 차근차근 올라가서 임원이 되는 건 그 조직 안에서 중요한 변화를 만들어야 가능한 일이다. 변화를 주도할 수 있는 마음가짐이 필요한 것이다. 기성세대에 대한 도전일 수도 있고, 기존에 존재하던 틀에 도전할 수 있는 것이 중요하다."

마지막 공통 질문에 대한 대답을 하면서 유기숙 전무는 잠시 생각에 잠겼다. 유기숙 전무는 자신이 3년에 한 번씩은 맡은 업무를 바꾸려고 노력했던 이야기를 하면서 "젊은 친구들은 자신이 주인공이 되고 싶어 하는 마음이 있는지 궁금하다"고 말했다.

스스로 주인공이 되는 삶은 어떤 걸까. 유기숙 전무는 어떤 일을 앞에 두고 스스로 의사결정 할 수 있는 삶이라고 했다. 그는 자신의 동년배를 '럭키한 세대'라고 불렀다. 일찌감치 많은 의사결정을 스스로 할 수 있었고, 그런 의사결정이 자연스럽게 이뤄졌기에 운이 좋은 세대라는 것이다.

그럼 지금 젊은 세대들은 어떨까. 유기숙 전무는 다시 '교육'에 대한 이야기로 돌아왔다. 학생들이 스스로 생각해서 결정할 수 있는 것들까지 요즘은 부모들이 다 결정하고 원하는 대로 하려는 것 같다고 했다. 학원을 고르고 학교를 고르고 꿈까지 부모가 모두 결정해버리는 것이다. 이런 상황에선 이런 선택을 하는 게 옳다고 수많은 미디어가 참고서처럼 모범답안을 주고 있다.

유기숙 전무는 "'결과도 안 나오는 걸 왜 하려고 할까. 멍청해 보이는 걸 왜 하려는 거지?' 하는 남들의 시선에 신경 쓰지 말고 순수하게 원하는 대로 해보는 것도 필요하다"고 말했다. 실패하면 그냥 좋은 수업료 냈구나, 뭔가 배웠으면 됐지, 하는 이런 마음가짐이다. 패션 디자이너를 꿈꾸며 의류학과에 들어갔지만 바느질이 서툴러서 금융권의 문을 두드린 유기숙 전무의 오늘을 있게 한 마음가짐이 아닐까.

눈앞의 보상보다는
평생 가치를 생각하라
정민영 네이버 클로바 기술 리더

개발자는 요즘 구직 시장에서 취업 보증 수표로 꼽힌다. 디지털 문화로 전환이 가속화되면서 개발자 하나 없는 회사는 살아남기 어려운 시대가 됐다. 수요는 많지만 능력 있는 개발자는 여전히 부족하다 보니 기업들은 파격적인 보상을 약속하며 인재 모시기에 나섰다.

아무리 많은 기업이 러브콜을 보낸다 해도, 개발자들이 가고 싶어 하는 곳은 따로 있다. 이른바 '네카라쿠배'로 불리는 네이버, 카카오, 라인, 쿠팡, 배달의민족이 그곳이다. 성인교육 회사가 운영하는 '네카라쿠배 취업완성스쿨'은 엄청난 입학 경쟁률을 자랑하고, 유튜브에선 '네카라쿠배 합격 비결' 영상이 높은 조회수를 기록하고 있다.

그렇다면 이들 회사만이 개발자가 성장하고 성공하기 좋은 회사일까. 많은 사람이 그렇게 생각하고 있지만, 정작 네이버 인공지능(AI) 조직인 클로바의 정민영 기술 리더는 개발자 본인이 추구하는 방향과 회사가 개발자에게 원하는 역할 등에 따라 네카라쿠배만이 답이 아닐 수 있다고 했다. 평생에 걸친 커리어를 생각한다면, 연봉을 깎고서라도 자신과 맞는 회사를 선택할 수 있어야 한다는 것이 그가 후배들에게 해주는 조언이다.

1986년생 정민영 리더는 오너 기업을 제외하면 국내 100대 기업 중 최연소 임원이다. 네이버의 다양한 사업에 AI 기술이 적용되는 만큼, 그의 손길을 안 거친 서비스가 없다고 봐도 무방할 정도로 네이버 연구·개발의 최정점에 서 있다.

정민영 리더가 걸어온 길이 무조건 정답이라고 할 수는 없지만, 현재의 결과물은 그의 조언에 신뢰라는 무게추를 달아준다. 높은 보상만을 쫓지 않고 내면의 목소리에 귀 기울이는 것, 돌아가는 것처럼 보여도 결국 지름길이었던 셈이다.

Q 국내에서 가장 어린 임원이라는 기록을 세운 소감은?

A "네이버에서 최연소 임원인 것은 알고 있었지만, 100대 기업 중 오너 일가를 제외하면 최연소인 줄은 몰랐다. 임원이 된 지 만 1년이 넘었다. 2020년에는 나이로 화제가 되진 않았다. 네이버 특성상 서로 '님'으로 호칭하는 문화이기도 하고, 이전부터 나보다 연장자인 팀원들과 일해오다 보니 나이가 부각되지 않았던 것 같다. 한때 나이로는 제일 막내임에도 불구하고 팀장인 시절도 있었다. 나이에 대한 부담은 그때가 더 컸던 것 같다. 지금은 사업 단위에 대한 책임을 가져야 한다는 점이 부담이다. 사실 이 자리는 나보다 더 어린 사람도 충분히 할 수 있고, 거꾸로 나이가 들고 경력이 된다고 자동으로 되는 자리도 아니다."

Q 나보다 나이가 많은 팀원들을 이끄는 데 불편한 점은 없었나.

A "나는 회사 동료들과 사적으로 친하게 지내는 스타일은 아닌 것 같다. 그런 관계엔 무지한 편이다. 다만 개발이 좋은 건 코드로 얘기할 수 있다는 거다. 아무것도 없이 서로 말로만 주장하면 관계가 틀어질 수도 있다. 나는 기술적으로 무조건 옳은 선택은 없지만 최선의 수는 있다고 믿는다. 좀 더 기술적으로 나은 선택은 무엇인지, 어떻게 해야 더 좋은지 얘기할

수 있다. 이건 나이로 얘기할 수 있는 부분이 아니다. 사적으로 친하게 지내긴 어려워도 기술적으로는 동료들과 신뢰가 쌓인다.

다른 직군도 마찬가지다. 우리가 같이 일하는 사람들은 납득할 수 있는 이야기를 한다. 거꾸로 나이가 많다고 해서 무조건적인 신뢰를 줄 수는 없다. 나이가 강조되는 것이 그런 면에서 부담이다. 우리 사회에서 어리다고 대접받는 것도 없지만, 어리다고 굳이 할 말을 못하는 것도 문제다."

학교가 아닌 현장을 택한 청년

대기업 임원들 중 간혹 '고졸 신화'라는 수식어가 붙은 이들을 찾아볼 수 있다. 고졸이 신격화된 이유는 그만큼 고졸 학력으로는 임원이라는 별을 달기 어렵기 때문이다. 실제 대기업 임원 대부분 국내 명문대 또는 해외 유학파 출신이다.

정민영 리더 역시 최종 학력은 고졸이다. 그는 한양대 컴퓨터공학과에 입학했지만 10년간(2005~2015년) 휴학을 반복하다 결국 중퇴를 택했다. 대신 그는 입학 직후인 만 19세부터 현장을 누볐다. 학력이 아닌 실력으로 자신의 가치를 입증했다.

Q 개발자의 길을 택한 이유가 궁금하다.

A "개발자가 돼야겠다고 뚜렷하게 결정한 적은 없었다. 열 살부터 개발을 시작했다. 말 그대로 개발은 내 취미이자 특기였다. 재밌으니까 열심히 했고, 열심히 하니까 잘하게 됐다. 어렸을 때부터 하루 종일 컴퓨터를 붙들고 개발하고 살았다. 게임은 잘 못한다. 친구들 게임할 시간에 게임을 만들었다. 부모님이 크게 나무라시진 않았다. 당시 김대중 정부가 인터넷 보급 사업에 나서면서 개발자가 유망한 직업으로 거론되던 때였고, 또 부모님이 필요한 프로그램을 직접 만들어드리니 적어도 '밥 굶을 일은 없겠구나'라는 심정이셨던 것 같다.

대학 입학 후엔 바로 일을 해야 했다. 어린 학생이 할 수 있는 게 개발밖에 없다 보니 자연스럽게 개발자의 길로 들어서게 됐다."

Q 대학 졸업을 앞두고, 또는 졸업 후 취업하는 경우가 대부분이다. 대학 졸업장을 포기하고 일하는 삶을 선택한 이유는?

A "처음엔 경제적 사정 때문에 일을 시작했다. 집안 형편이 썩 좋지 않아서 학비를 직접 벌어야 했다. 처음엔 지인과 SI 회사(기업이 필요로 하는 소프트웨어를 만들어주는 업체)를 만들어 시작했다. 다양한 일을 경험하게 되니 재미도 있고 힘들었지만 한편으론 허무했다. 두세 달 열심히 만들어서 납품하면 끝나버리는 거다. 고치고 싶은 부분이 있어도 기간 안에 끝내야 하다 보니 적당히 마무리해야 했고, 제가 만든 소프트웨어가 어떻게 쓰이는지도 알 수 없었다.

그때 이후로는 내가 재미를 느끼는 서비스를 만들었다. 경제적 이유 때문에 일을 시작했지만, 이후에는 돈보다 다른 기준으로 선택을 해왔다. 어렸을 때 개발을 잘하는 것과 현업에서 개발을 잘하는 것은 차원이 다르다. 나는 운 좋게 서비스를 개발하면서 자아실현이 됐다."

Q 한국처럼 대학 졸업장이 중요한 사회에서 이를 포기하기는

쉽지 않았을 텐데.

A "나중에는 대학생활에 의미를 두기 어려웠다. 세 학기만 마쳤고, 네 학기째에 중퇴했다. 대학생활은 휴학의 연속이었다. 보통 군 휴학 등 6학기 정도 휴학이 가능하다. 휴학을 다 쓸 때쯤 이제 학교를 그만둬야겠다 했는데, 학교가 제도를 바꿔서 더 휴학할 수 있게 해줬다. 그러다 공식적으로 더 이상 휴학할 수 없다고 알려주셔서 자연스럽게 중퇴하게 됐다. 다닐 생각이 없긴 했지만 특별히 그만둘 이유도 없었던 셈이다. 애초에 대학을 갈 수 있는 형편이 아니었다. 그래도 부모님이 대학은 갔으면 좋겠다고 해서 무리해서 갔다. 이왕 입학한 학교이니 잘해보자는 생각도 있었다. '학위 따윈 필요없어'라는 거창한 생각을 한 것은 아니다."

정민영 리더의 과거 이력은 한국 토종 소셜미디어(SNS) 서비스 '미투데이'를 빼놓고 논할 수 없다. 미투데이는 스타트업 더블트랙이 2007년 출시한 미니블로그 서비스로, 문자메시지처럼 간단하게 자기 생각이나 일상을 표현할 수 있다는 점에서 큰 인기를 얻었다. 2009년 네이버에 인수된 이후 유명 연예인들이 미투데이를 통해 팬들과 소통하면서 자리를 잡는 듯했지만, 트위터와 페이스북 등 해외 SNS 공세에 밀려 결국 2014년 서비스가 종료됐다.

정민영 리더는 더블트랙 법인이 출범하던 초창기에 합류해 미투데이의 부흥기를 이끌었다.

Q 미투데이 합류 과정이 궁금하다.

A "미투데이는 네이버 사내독립기업(CIC) 튠 박수만 대표가 스타트업으로 시작한 서비스다. 2007년 2월 지금의 클럽하우스처럼 초대로 시작했다. 블로그로 유명한 사람들이 미투데이를 하고 있었다. 해보고 싶어서 초대장을 구해서 들어갔는데 굉장히 재밌었다. SI 회사를 하고 있을 때였다. 당시 미투데이는 박수만 대표와 개발자 1명, 디자이너 1명 총 3명이 운영하고 있었는데 마침 개발자를 구한다고 하더라. 이 서비스를 정말 재밌게 쓰고 있고 좋아하니 자원봉사를 하겠다고 했다. 박수만 대표가 그러지 말고 건너오라고 하더라. 결국 SI 회사를 그만두고 합류하게 됐다."

Q 미투데이에서 이루고자 했던 자신만의 목표가 있었는지 궁금하다.

A "저는 미투데이를 정말 좋아했다. 미투데이라는 서비스가 계속되도록 하는 게 가장 큰 목표였다. 미투데이가 2009년 2월에 네이버에 인수됐는데 당시 누적 가입자가 3만 명이 안 될

정도였다. 어떻게든 서비스를 잘 만들어 고객을 많이 유치해야 했다. 절박한 심정으로 일했다."

Q 절박한 심정이었던 만큼 밤낮 구분 없이 일에 매달렸을 것 같다.

A "실제로 그렇게 살았다. 당시 자금적으로 여유롭지 않다 보니 장비 등을 제한적으로 운영했고, 그 결과 서버 장애가 빈번하게 발생했다. 미투데이가 한창 성장할 때 서버에 문제가 생기면 내게 자동 문자가 오게 했는데, 밤에 잘 때는 문자를 받자마자 깰 수 있도록 휴대전화를 베개 밑에 놓고 잤다. 월급을 받기 위한 목적으로 일을 했다면 버틸 수 없는 강도로 일했다. 나뿐만 아니라 미투데이를 함께 만드는 사람들 모두 그랬다. 미투데이를 그만큼 좋아했기 때문에 가능하지 않았나 싶다."

Q 미투데이를 좋아했는데, 2009년 2월 네이버에 인수된 이후 1년 만에 퇴사했다.

A "당시 나의 지상 과제는 미투데이의 생존이었다. 네이버에 와서는 미투데이와 여러 네이버 서비스를 연동하는 일을 했다. 어린 마음에 미투데이가 네이버에 이렇게 깊숙이 들어갔으니 망할 일은 없겠구나 싶었다. 여러 고민을 하던 차에 마침

군대 문제를 해결해야 하는 때가 됐다. 그렇게 자연스럽게 퇴사하게 됐다."

개발자로 성공하기 위한 조건은 호기심

정민영 리더는 2016년 말 네이버에 재입사했다. 박수만 대표가 미투데이 이후 음원 스트리밍 서비스 '비트'를 만들 때 다시 의기투합했지만 수익모델 부재로 문을 닫자 함께 네이버로 향했다. 당시 네이버는 "비트는 상업적으로 실패했지만 질적으로 탁월한 모바일 서비스였다"며 비트 개발팀 대부분을 입사시켰다. 정민영 리더는 네이버 AI 태스크포스(TF)에 합류한 지 3년 만인 지난해 초 임원에 올랐다.

Q 결국 다시 네이버로 돌아왔다. 20대에 몸담았던 네이버와 지금의 네이버는 그대로인가.

A "완전히 다른 회사가 됐다. 나는 네이버가 문화적으로도 보수적이지만 기술적으로도 보수적이라고 생각했다. 기술적으로 보수적이란 말은 무조건 자바만 쓰라고 하는 등 사용하는 기술을 통제한다는 뜻이다. 이 부분이 네이버를 그만두는 결정적 이유까진 아니었지만, 결국 이런 이유 때문에 다시 네이버에 돌아올 일은 없겠다고 생각했다. 당시 어린 개발자들 사이

에서 네이버는 기술이 없다는 인식도 있었다. 한국 인터넷을 망가뜨린 원흉이 네이버다, 그런 주장도 유행했다.

그런 기억과 인식만 갖고 있다가 네이버에 돌아와 보니 생각보다 훨씬 좋은 회사였다. 사람들이 가진 역량과 사내 분위기도 좋았고, 기술적으로도 자유로워졌다. 특히나 신기한 것은 직원들 모두 굉장히 열심히 산다. 스타트업이야 생존이 걸려 있으니 그렇다지만, 네이버 같은 대기업이 왜 이렇게까지 열심히 일하나 싶은 생각이 들 정도다. 조금 심심했던 회사에서 재밌는 회사가 됐다."

정민영 리더는 네이버에 대해 '끊임없이 기회를 주는 회사'라고 설명했다. 그는 "예전에 제가 네이버에 1년간 있었을 때, 대리 한 분이 성과를 내 1년 만에 랩장까지 간 사례가 있었다"며 "네이버는 하고자 하는 사람에겐 기회를 준다"고 말했다. 자신을 되돌아보면 근속 연수가 길지도 않고 결함도 많지만, 다양한 과제와 팀 운영을 맡겨보며 하고 싶은 일, 할 수 있는 일을 탐색할 수 있는 기회를 준다는 점도 강조했다. 정민영 리더는 "살펴보면 저만 그런 기회를 받았던 것이 아니었다. 개발자가 하고 싶은 일을 얘기할 수 있는 분위기이고, 왜 하고 싶은지를 물어봐주는 회사"라며 자부심을 드러냈다.

Q 모두 열심히 산다고는 하지만, 그래도 말씀하신 것처럼 네이버는 생존의 단계는 한참 넘어섰다. 미투데이 등 스타트업 시절보다는 일이 줄었을 것 같다.

A "나는 일을 많이 하는 편이다. 주 52시간 근무 전엔 굳이 업무시간을 따져보지 않았고, 지금은 평균 주 51~52시간을 다 채워서 일하고 있다. 솔직히 네이버 와서는 일을 덜하는 느낌이다. 그렇지만 우리 팀원들에게 항상 나처럼 살지 말라고 강조한다. 나는 개발로 자아실현이 된 좋은 케이스다. 일이 재밌어서 하는 거다.

아내가 '세상에 회사를 재미로 다니는 사람이 어딨냐'고 해서 놀랐다. 아침에 눈 뜨면 회사 가기 싫어하는 그 감정이 보통 사람들이라면 대부분 느낀다는 거다. 나는 그렇게 회사가 재미없고 싫어지면 그만둬야 하는 사람이다. 나는 지금까지 재밌게 다닐 수 있는 곳을 찾아다닌 셈이다. 쉴 때도 새로운 개발을 찾아본다. 일과 취미, 특기 모든 것이 개발로 이어지다 보니 이렇게 사는 거다."

Q 개발자로 성공하기 위해 굳이 많은 시간을 투입할 필요가 없다는 뜻인가.

A "나는 직업으로서의 개발자가 시간으로 승부를 볼 필요는 없

다고 생각한다. 주어진 역할을 충실히 수행하면 된다. 개발자로서의 성공이 무엇이냐에 따라 달라질 순 있겠다. 사실 나는 임원이 되거나 돈을 많이 받는다고 해서 개발자로 성공했다고 보지 않는다. 개발자는 일종의 기능인이다. 9시 뉴스에 나올 정도로, 누구나 다 아는 서비스를 만드는 것이 개발자라는 기능인이 거둘 수 있는 성공이라고 본다. 그러기 위해선 일종의 근성, 투입 시간이 중요할 것 같다. 다만 네이버에서 살아남거나 쿠팡 등 좋은 기업에 갈 수 있는 개발자가 되기 위해 시간이 필요한 건 아니라고 생각한다."

Q 시간 외에 필요한 또 다른 요건이 있을까. "신입사원이 30대에 임원이 되고 싶다면 ○○을 해야 한다"는 질문을 모두에게 드리고 있는데, 이 질문에 대한 대답이 될 수도 있겠다.

A "관심이라고 해도 되고, 호기심이나 탐구심이라고 해도 되겠다. 의외로 개발을 공부하는 분들 중 개발의 원리에 대해 궁금해하는 사람이 많지 않다. 어렸을 때 수학공부 하듯이 기계적으로 학습하는 경우들이 보인다. 그렇게 하면 개발 역량은 자라나기 어렵다. '프로그램 언어를 할 줄 아는 사람이 되겠다'는 마음으로 공부하기보단, 기술의 원리부터 궁금해하고 파고 들어가는 과정에서 종합적 역량이 성장하는 경우를 많

118

이 봤다. 내 주변에 뛰어난 개발자로 빠르게 성장하거나 이미 뛰어난 일을 하고 계신 분들은 기본적으로 호기심이 많은 사람들이다. 그런 자세가 없다면 좋은 개발자로 성장하기 어렵다고 본다."

정민영 리더 역시 끊임없이 탐구하는 스타일이다. 어렸을 때부터 개발을 시작한 만큼 그는 공부법에 대해 셀 수 없이 많은 질문을 받았다고 한다. 그럴 때마다 그는 "의지가 대단해서가 아니라, 그냥 궁금했다"고 답한다.

"처음에 프로그래밍 공부를 하면서 '헬로 월드'를 출력해봤다. 책에서 치라는 대로 쳤더니 모니터에 글자가 나온다는 것이 충격적이었다. 알파벳도 중학교 때 깨우쳤다. 아무것도 모르고 그냥 따라 친거다. 그러니까 더 신기했다."

헬로 월드의 원리에 대한 궁금함이 그를 여기까지 이끈 셈이다.

연봉보다는 직의 의미를 보라

 요즘 많은 기업이 좋은 개발자를 모시기 위해 경쟁을 벌이고 있다. 다양한 선택지 속에서 개발자들은 어떤 회사를 선택해야 할까.

 "개발자라는 직군은 한 가지 스타일로 정의하기 어렵다. 나는 사실 작은 회사를 좋아한다. 내가 담당하는 서비스에 대한 대소사를 가급적 알고 싶어 하고, 내 손을 거치기를 바란다. 서비스 에고를 스스로와 일치시키는 스타일이다. 네이버는 그런 부분이 가능하니까 잘 다니고 있다. 나와는 달리 기술적인 부분만 파고 싶어 하는 개발자들도 있다.

일단 스스로가 어떤 사람인지를 이해해야 한다. 특정 기술만 하고 싶다면 스타트업엔 적절하지 않다. 대기업에 와야 본인 역량을 발휘할 수 있고, 더 큰 기회를 얻을 수 있다. 서비스 만드는 게 좋고 고객이 있어야 하는 개발자들은 스타트업이 유리할 수 있다.

당부하고 싶은 것은, 회사만 보지 말고 무슨 일을 할 것인지를 봐야 한다는 거다. 예전에 네이버에서 일하다 밖에 나가니 네이버가 어떤 회사인지에 대한 얘기를 많이 듣게 됐다. 이런 말은 믿지 않았다. 큰 회사일수록 각자가 경험한 회사의 모습은 다를 수밖에 없다. 마찬가지로 내가 직접 경험해보면 다를 수 있다. 들은 소문으로만 회사를 결정하기보다는, 회사가 나에게 무엇을 기대하는지를 중요하게 봐야 한다."

Q 채용 정보엔 대략적인 설명만 나와 있을 뿐이다. 한국 구직시장 특성상 회사가 내게 무엇을 원하는지 정확히 알기는 어렵다.

A "면접 절차를 잘 활용해야 한다. 면접에 들어가보면 질문하는 분들이 많지 않다. 나는 질문을 준비해오는 분들을 긍정적으로 본다. 내가 면접자인 경우에도 면접관이 물어보는 것보다 내가 물어보는 것이 더 많았다. 나를 어디에 쓸 건지, 이 서비스의 목적은 무엇인지 등등을 물어보는 식이다. 결국 일이 잘 되기 위해선 직원과 회사 쌍방이 맞아야 한다. 회사가 면접자에 대해 알고자 질문하는 것처럼, 면접자도 회사를 모르니 면접관에게 질문을 해야 한다. 인생의 대부분을 회사에서 보내게 되는 만큼, 관점을 달리 하면 좋겠다는 생각이 든다."

Q 개발자는 특히나 이직이 잦은 직종으로 꼽힌다. 요즘처럼 서비스 간 개발 경쟁이 치열할 때는 더욱 그렇다. 개발자로서의 빠른 성공을 원한다면 이직이 필수일까.

A "몸값을 올리겠다는 관점으로만 보면 이직이 필요할 수 있다. 뛰어난 역량을 갖고도 열악한 환경에서 일하는 개발자들이 분명 있다. 다만 나는 후배들에게 커리어 상담을 할 때, 연봉이 터무니없이 낮은 게 아니라면 의미를 따져보라고 한다. 주니어의 경우 커리어 의미만 확실하다면 연봉 총보상에서 10~15% 정도는 낮은 곳으로 옮길 수도 있다고 본다. 장기적으로 봤을 땐 더 도움이 될 수도 있다. 박수만 대표가 미투데

이 이후 다시 시작한 비트에 합류할 때, 나도 연봉 60%를 줄이고 갔다."

Ⓠ 연봉을 줄이면서까지 자리를 옮기는 건 쉽지 않다.

Ⓐ "돈도 물론 중요하지만, 커리어 측면에 보다 무게를 둔 선택을 할 수 있어야 한다. '평생 가치'를 생각해야 한다. 20년 일한다면 20년간 얻는 경제적·비경제적 보상을 생각했을 때 지금 1000만~2000만원 적은 것은 큰 문제가 아닐 수 있다. 개발자는 더욱 그렇다. 본인이 관리하고 노력하면 평생 일할 수 있는 직업이다. 보다 장기적 관점에서 고민이 필요하다."

Ⓠ 작은 조직에서 일하는 것을 좋아한다고 했는데, 아이러니하게도 국내에서 가장 큰 IT 기업인 네이버에서 일하고 있다. 네이버를 택한 것을 후회하지 않는지.

Ⓐ "올해로 네이버에 재입사한 지 5년 차다. 지인들 중엔 내가 네이버를 6개월 이상 다닐 수 있을지 내기하는 분들도 있었다. 나는 거창하게 얘기하면 기술로 세상을 바꾸고 싶어 하는 사람이다. 개발자 중 기술 자체에 의미를 두는 분들도 있다. 나는 기술로 세상에 임팩트를 줄 수 있는 일을 하고 싶다. 그러려면 결과물을 내야 하는 것도 중요하지만, 그 일을 내가

하고 있다는 느낌을 받는 것도 중요하다.

AI는 앞으로 세상을 변화시킬 기술이지만, 작은 회사가 감당하기엔 노력 대비 영향력이 크지 않을 거라 생각했다. AI로 세상의 변화를 만들어내려면 규모가 있는 회사여야 했다. 시간이 지날수록 점점 그 생각에 대한 확신이 강해지고 있다. 내가 그 일을 하고 있다는 느낌이 중요하다. 그러면 일의 능률이 올라간다. 또 클로바는 비교적 규모가 큰 데도 다양한 역할을 수행할 수 있는 기회가 있다.”

Q 직장인들이 스트레스를 받는 주된 원인 중 하나는 원치 않는 일을 억지로 하기 때문이다. 일을 통해 자아실현이 된다면 스트레스가 크지 않을 것 같다.

A “나도 스트레스를 굉장히 많이 받는다. 일이 항상 잘될 순 없고, 일이 안 되면 괴로워한다. 조직 규모가 있다 보니 당연히 인간관계에 대한 스트레스도 있다. 그래도 결국엔 이 일로 받는 스트레스가 큰지, 이 일을 통해 얻는 것이 큰지 비교하게 된다. 결과가 쉽게 얻어지는 일보다는 역경이 있는 일을 할 때 그 과정에서 자아실현이 되는 거다. 여러 어려움을 극복해서 결과를 내면 성취감을 느끼게 된다.”

Q 본인만의 스트레스 해소법이 있다면?

A "요즘 그 부분이 고민이다. 직접 코딩하는 일이 점점 줄어들고 있기 때문이다. 어쩌다 가끔 코딩할 때가 있는데 너무 재밌고 신난다. 물론 저희 팀원들이 싫어할 수는 있다. 가끔 팀원들에게 준 과제를 주말에 내가 해오는 경우도 있다. 이러면 안 되지만 그럴 때마다 주말이 행복하다."

Q 앞서 임원이 되니 사업에 대한 책임감을 갖게 돼 부담이라고 했다. 높은 자리에 올라갈수록 하고 싶은 일, 즐거운 일만 할 수는 없는 것 같다.

A "여담이지만, 임원을 할 생각이 있는지 회사가 물어볼 줄 알았다. 물어봤다면 내가 원하는 것이 맞는지 고민했을 것 같다. 임원이 되기 전부터 임원 역할을 하고 있긴 했지만, 제가 어떤 방향으로 기여하는 것이 더 맞을지에 대한 고민을 전부터 해왔다. 개발을 시작한 지 25년이 넘었다. 계속 개발을 해왔던 사람인만큼 팀원들이랑은 기술적인 토론이 편한데, 갈수록 개발 외적인 일을 다뤄야 한다.

2017년쯤부터 이 고민을 본격적으로 시작했는데, 일종의 '광의적 개발론'이라는 개념에 도달했다. 내가 좋아하는 일만 하면 나는 행복하지만, 그만큼 기여도는 좁아질 수밖에 없다.

물론 10배 이상 생산성을 가진 '슈퍼 개발자'도 있을 수 있지만, 내가 모든 것을 혼자서 도맡긴 어렵다고 본다. 내가 팀을 구성하면 혼자서 못할 일도 규모를 지렛대 삼아 이뤄낼 수 있다. 결국 이것도 개발이다. 혼자 코드 쓰는 것만 개발이 아니라, 전문가로서 팀을 매니징해 기술적 목표를 달성하는 거다. 혼자서 주당 110시간 일하는 것보단 훨씬 더 의미 있는 결과물을 낼 수 있으니 나는 여전히 개발을 하고 있다는 생각을 한다."

Q 네이버의 개발을 책임지는 임원 자리까지 올랐다. 그렇지만 지금까지 걸어온 시간보다 앞으로 나아갈 시간이 더 길다. 최종 목표는 무엇인가.

A "인생의 목표는 빨리 은퇴해서 코딩하면서 사는 거다. 숫자로 얘기할 땐 40세 전에 유동성 자금으로 30억원을 넘게 벌면 은퇴하겠다고 말한다. 30억원은 취미로 코딩하면서 스타트업에 투자하면서 살기 위해 필요한 자금이다. 다만 개발자로서의 목표는 누구나 다 아는 서비스 제품을 하나 만드는 거다."

Q 네이버 클로바는 이미 국내 AI 서비스를 선도하고 있다. 이미

목표에 다다른 것 아닌가.

Ⓐ "회사의 힘인지 나의 힘인지 잘 구분해야 한다. 내가 잘해서 회사가 잘나가는 것도 있겠지만, 네이버라는 회사가 쌓아놓은 자산에서 한발짝 나간 것일 수도 있다. 온전히 내 힘으로 해보는 것을 꿈꾸고 있다. 그런 측면에서 언젠간 스타트업으로 되돌아가지 않을까 싶다."

Ⓠ 신입사원으로 돌아간다면 이것만큼은 고치고 싶다고 생각하는 부분이 있는지.

Ⓐ "어려운 질문이다. 솔직히 잘 모르겠다. 물론 많은 실수를 했고, 커리어 측면에서 잘못된 선택을 한 부분도 있었다. 그렇지만 나는 내 과거를 긍정하는 편이다. 늘 최선의 선택을 하면서 산 건 아니지만, 좋아하는 일을 하면서 행복하게 열심히 살았다고 자신한다.

굳이 꼽는다면 너무 조급했던 것? 하지만 또 다르게 생각하면 그렇게 조급했기 때문에 열심히 산 것 같다. 빨리 성장하고 싶었고, 빨리 서비스를 만들어보고 싶었다. 주변에서 넌 왜 이렇게 급하냐고 했다. 네이버에 와서도 마찬가지였다. 리더들이 내게 주던 피드백 중 하나는 뭐가 그렇게 급해서 이것도 저것도 해야 한다고 하냐, 천천히 가도 된다는 것이었다. 지금도 급하다. 단점일 수 있지만 내겐 열심히 살게 하는 동력 중 하나다. 어릴 때로 돌아간다면 조금 더 열심히, 더 치열하게 살고 싶다."

정민영 리더는 인터뷰가 끝난 뒤 "나이가 화제가 되지 않는 세상이 왔으면 좋겠다"며 씁쓸한 미소를 지어 보였다. 나이가 부각되는 것은 본인이 부족하기 때문이라는 것이 첫 번째 이유였고, 그만큼 젊은 친구들에게 기회가 없는 것처럼 보인다는 것이 두 번째 이유였다. 그는 "나 같은 케이스가 네이버는 물론 다른 회사에서도 많아져야 한다"고 힘주어 말했다.

그렇다면 임원이 되는 기회는 어디서 어떻게 얻는 걸까. 혹자는 기회의 사다리가 끊겼다고 말한다. 그러나 정민영 리더와 대화 끝에 얻은 결론은, 완벽하진 않아도 합리성을 추구하는 조직이라면 기회는 여전히 우리 주변에 존재한다는 점이다. 묵묵히 본인의 역량을 갈고 닦으며 성장하는 이들에겐 기회가 먼저 알아채고 찾아간다는 것을 정민영 리더는 증명했다.

자의가 아닌 타의로 승진을 포기한 이들이라면 다시 한 번 곱씹어보길 권한다. 본인이 기회를 외면하고 있지는 않은지 말이다. 목표가 꼭 임원이 아니어도 괜찮다. 진심을 다한다면 기회는 언제나 우리 편이다.

연쇄창업러의 성공 비결…
배수진은 필패다

이진호 슈퍼메이커즈 대표

연쇄창업가(Serial entrepreneur)라는 말이 있다. 스타트업을 창업해서 성공적으로 매각한 뒤 창업생태계에 돌아와 다시 스타트업을 설립하는 사람들을 일컫는 말이다. 스타트업 생태계가 활성화돼 있는 미국 실리콘밸리에서 주로 쓰이는 말이지만 최근에는 국내에서도 연쇄창업가를 어렵지 않게 만날 수 있다.

반찬가게 브랜드 '슈퍼키친'을 운영하는 슈퍼메이커즈의 이진호 대표도 연쇄창업가의 길을 걷고 있다. 이진호 대표는 신선식품 배송 서비스를 운영한 '덤앤더머스'로 창업 전선에 뛰어들었다.

덤앤더머스는 2015년에 배달의 민족을 운영하는 우아한형제들에 매각됐다. 이진호 대표의 첫 창업은 해피엔딩이었다.

이진호 대표는 슈퍼메이커즈로 두 번째 창업에 뛰어들었다. 슈퍼메이커즈가 운영하는 슈퍼키친은 기존의 반찬가게와 달리 가게에서 반찬을 조리하는 대신 부천시에 있는 '센트럴키친(중앙식품제조시설)'에서 한꺼번에 음식을 만들어 매장이나 고객에게 직접 배송해주는 시스템을 택했다. 동네마다 있는 허름한 반찬가게 대신 쾌적하고 위생적이고 일관된 맛을 유지하는 게 슈퍼키친의 장점이다. 슈퍼메이커즈는 지금까지 100억원 가까운 누적 투자유치에 성공했고, 2021년 매출액은 200억원을 목표로 하고 있다. 야구로 치면 방망이를 계속 길게 잡고 휘두르는데 연타석 홈런을 치고 있는 셈이다.

연쇄창업가인 이진호 대표가 일반 직원과 최고경영자(CEO) 사이에 끼어 있는 '임원'의 삶을 알까 싶지만, 이진호 대표 본인도 3년 동안 임원으로 근무한 경험이 있다. 그것도 한국에서 가장 빠르게 성장한 스타트업인 우아한형제들의 임원으로 3년을 지냈다. 창업에 나서기 전 평범한 직장인일 때의 이진호, 스타트업 대표 이진호, 그리고 유니콘에 올라탄 스타트업 임원일 때의 이진호는 각각 어떤 사람일까. 서울 강남역의 슈퍼메이커즈 사무실에서 이진호 대표를 직접 만나 이야기를 나눴다.

'일잘러'와 '일못러'의 차이는 오너십이다

Q 처음부터 창업을 한 건 아니라고 들었다. 처음에는 평범한 금융맨이라고 들었는데 어떤 일을 했나.

A "신한은행에서 2년, 우리투자증권에서 1년을 일했다. 그러다가 회사를 나와 덤앤더머스를 만들었고 그 이후 우아한형제들 임원을 거쳐 슈퍼메이커즈를 다시 창업했다."

Q 은행이나 증권사도 나쁜 직장이 아니었을 텐데 퇴사를 결심한 이유가 있나.

A "은행에 있을 때 영업을 꽤 잘했다. 지점 근무를 했는데 한 달에만 펀드를 200개씩 팔았다. 그런데 바로 옆에 있던 다른 직원은 펀드를 하나 팔았는데도 급여가 나랑 같았다. 나도 한 달에 하나 팔고 편하게 있어야겠다고 생각할 수도 있는데, 그러지 않았다. 펀드를 판 만큼 많이 벌어야겠다고 생각했고, 그래서 증권사로 이직했다. 증권사 가서는 1년 정도 있었는데 급여를 계산해보니 아무래도 증권사 급여로도 내가 살고자 하는 삶을 살기에는 부족하다고 판단했다. 그래서 회사를 그만두고 창업을 결심했다."

Q 어떤 삶을 살고 싶었길래 증권사 급여도 부족하다는 생각을

한 건가.

A "내가 내 삶을 기획하고 주도하고 싶었다. 아무래도 직장인으로서는 힘든 삶일 수밖에 없다. 금융회사를 다닐 때 만난 고객들과의 경험도 회사를 그만두는 데 영향을 줬다. WM(자산관리) 부문에서 만나는 고액자산가 고객들 중에는 직장인이 한 명도 없었다. 다들 자기 일을 하는 사업가들이었다. 그걸 보면서 제도권을 벗어나려면 내가 스스로의 가치를 증명해야 하는구나 하고 깨달았다. 당시만 해도 아이템도 정해지지 않았고 사업 경험도 일천했지만 여기에 있으면 안 되겠다는 생각만큼은 확실하게 했다.

대학생 때부터 좋아하는 게 굉장히 구체적이고 명확했다. 그래서 무얼 하든 만족할 만한 결과물을 얻기 위해서 기존의 것을 그대로 하는 게 아니라 내가 무언가를 새로 만들거나 일부를 수정하거나 했다. 기존의 것을 답습하는 건 잘 이해가 되지 않았다."

Q 스타트업에 뛰어들기 전 '직장인 이진호'는 어떤 삶을 살았나?

A "금융회사를 다닌 3년은 정말 열심히 일했다. 오전 6시에 출근해서 밤 10시에 퇴근하는 게 매일의 일상이었다. 당시만 해도 '주 52시간 근무제'도 없었고 금융권이 다 그런 분위기

이긴 했다. 그러다가 3년 차 생일날 처음으로 저녁 7시에 퇴근을 해서 지하철을 탄 적이 있다. 그때 7시에 퇴근하는 사람이 너무 많아서 놀란 기억이 있다. 뭐가 정상적인 삶인지 혼란스러웠다. 이 사람들이 나태한 건지, 내가 제대로 못 살고 있는 건지. 당시만 해도 사회 분위기가 열심히 일하는 분위기였고, 그 속에서도 인정받고 싶은 욕망 때문에 더 열심히 하기도 했다. 여기서 인정 못 받으면 다른 데서도 잘할 리 만무하다는 생각이었다."

Q 이야기를 들어보면 일이 끊이지 않고 일에 치여 사는 느낌도 든다. 이렇게 사는 게 내 삶을 주도하는 삶인가.

A "예전에는 주도적인 삶을 일 밖에서 찾아야 한다고 생각했다. 그런데 지금은 일을 주도적으로 하는 게 가장 보람 있다고 생각한다. 하고 싶은 일을 잘하는 것, 그리고 그걸 성장시키는 것이 내가 가진 주도권이라고 생각한다. 어려운 문제를 잘 해결하는 게 주도적인 삶이다."

Q 일반 직장인과 임원과 대표의 입장을 모두 경험해봤다. 어떤 사람이 일을 잘하는지, 어떻게 일을 해야 더 빠르게 성장하고 회사에서 인정받을 수 있는지 그런 비결이 보이나.

A "오너십(주인의식), 책임감이 정말 크다. 오너십을 갖고 일하는 사람은 무슨 일을 하든 눈에 띈다. 낭중지추라는 말 그대로다. 그런 사람들은 하루이틀이 아니라 평생을 그렇게 살아온 거다. 문제를 해결하겠다는 마인드가 기본으로 장착돼 있다. 누가 해주겠지 하면서 기다리지 않는다. 문제가 생기면 스스로 해결할 방법을 찾고 그 과정에서 본인도 성장한다. 누가 시켜서 일을 하는 사람은 그렇지가 않다. 이 차이가 주니어 때는 두드러지지 않는다. 주니어 시절에는 어차피 누구나 시키는 일을 하는 단계니까.

그러다가 본인이 부하나 후배들에게 일을 시켜야 하는 시점에서부터 확연하게 역량 차이가 나기 시작한다. 중간관리자나 프로젝트 매니저가 되는 시점이다. 그때 흔히 이야기하는 직장인의 위기가 찾아온다. 시키는 일만 했던 사람과 스스로 문제를 찾아서 해결해온 사람의 차이가 확 드러나는 시점이다. 물론 일을 잘하는 게 꼭 성공한 삶은 아니다. 직장에서의 성공 대신 빨리 퇴근하고 가족이나 친구들과 시간 보내는 걸 더 행복하게 여긴다면 그렇게 살아도 행복할 수 있다. 다만 둘 다 가질 수는 없다."

이진호 대표는 반듯하고 깔끔한 외모에 누가 봐도 일처리가 칼로 자른 듯 확실할 것 같은 사람이다. 인터뷰를 하는 동안에도 불필요한 이야기를 꺼내거나 말을 빙빙 돌리는 법도 없었다. 어디에 갖다놔도 자기 몫 1인분은 해낼 것 같은 그런 모습이었다.

하지만 그런 이진호 대표도 늘 성공만을 경험한 건 아니라고 했다. '덤앤더머스'를 만들고 처음 1년은 실패에 대한 두려움에 계속 마음을 다잡아야 했고, 우아한형제들에 임원으로 합류했을 때는 자신보다 경험과 역량이 뛰어난 다른 임원들을 보며 속으로 '지기 싫다'는 생각을 매일 했다고 한다.

Q 창업에 뛰어든 이야기를 해보자. 신선식품 배송 서비스로 창업에 나섰다. 아이템을 신선식품으로 고른 이유가 있나.

A "내가 필요한 서비스를 골랐다. 금융회사를 다닐 때는 평일에 도무지 장을 볼 시간이 없었다. 주말에는 밀린 집안일을 하고 장을 보러 빅마트를 다녔는데 주차하고 장보고 하는 시간이 너무 아까웠다. 주위에서도 다들 같은 생각인데 다른 선택지가 없었다. 신선식품을 배송받으면 좋겠는데 집에 사람이 없으니 택배로는 받기가 힘들고, 출근 전에 받을 수 있는 서비스를 생각했는데 그게 덤앤더머스였다.

슈퍼키친도 마찬가지다. 사는 동네에 나나 내 가족이 먹을 만한 반찬가게가 없었다. 동네 반찬가게는 바뀌는 메뉴 없이 항상 파는 비슷한 종류의 밑반찬이 대부분이었고, 특히 위생적인 부분이 너무 불안했다. 아이들이 먹어야 하는 음식이니까. 당장 오늘 점심을 챙겨야 하는데 새벽배송을 이용할 수도 없고. 먹을 만한 반찬, 깨끗한 반찬, 지금 먹고 싶은 반찬을 집과 가장 가까운 거리에서 제공할 수 있어야겠다고 생각했다."

배수진으로 성공한 건 한신뿐이다

Q 신선식품이나 가정용 간편식은 경쟁이 치열한 분야 아닌가. 보통 블루오션을 찾기 마련인데 경쟁이 치열한 분야에 뛰어든 이유가 있나.

A "경쟁이 없는 시장보다는 경쟁이 많은 시장을 선호한다. 시장과 산업의 성장성이 높다는 뜻이니까. 홀로 시장과 소비자를 만들어내려면 천문학적인 자본이 필요하다. 경쟁에서 밀리지만 않는다면 경쟁자들은 함께 시장을 키워주고 소비자 문화를 만드는 긍정적인 작용을 한다.

우리가 집중하는 분야는 아직 유통 대기업이나 대형 스타트업이 없는 곳이다. HMR(가정대용식) 중에서도 신선 HMR에 집중하고 있는데, 흔히 말하는 반찬가게에 해당한다. 대형 유통업체들은 기존 유통 채널에 대량으로 유통시키기 쉬운 냉동·상온 HMR을 주력으로 하는 데 반해, 우리는 기존의 유통

채널로 공급하기 어려운 신선 HMR을 주력으로 하기 때문에 시장이 조금 다르다. 우리는 동네 유통망을 만들어가고 있다."

Q 신선식품이라는 사업 분야는 어떻게 찾게 된 건가. 반찬가게도 쉽게 생각할 수 있는 사업 아이템은 아닌 것 같다.

A "우리 회사는 마케팅을 하는 곳이 아니라 서비스를 만드는 곳이다. 서비스를 만드는 회사를 하려면 그 서비스를 좋아해야 한다. 내가 정말 좋아하는 게 바로 '먹는 일'이다. 먹는 데 돈을 정말 많이 쓰고 있다. 단순히 좋아하는 정도가 아니라 끝장을 봤다고 말할 정도다. 버는 돈의 대부분을 먹는 데 쓰기도 했고, 외국 여행을 가서는 미슐랭을 받은 레스토랑만 다니는 식으로 일정을 짠 적도 있다.

서비스는 대중을 상대로 하기 때문에 그들의 지갑을 여는 포인트를 이해하고 있어야 한다. 그리고 대중들이 즐기는 것보다 조금 더 높은 수준을 제공해야 그들이 꿈꾸는 '워너비 라이프 스타일'까지 우리가 가져갈 수 있다."

Q 먹다 보니 그 끝에서 사업 아이템이 나타난 건가.

A "이번에 시작한 슈퍼키친의 경우에는 사람들이 반찬을 사서 먹게 될 거라고 생각해서 시작하게 됐다. 과거에는 반찬을 사

먹는 것에 대해 사람들이 약간 거부감이 있었는데, 이제는 그런 인식이 사라졌다. 오히려 반찬을 일일이 집에서 해먹는 게 더 미련한 시대가 됐다. 문제는 수요는 있는데 공급이 없다는 것이었다. 이 시장이 대기업은 들어오기 어려운 시장이다. 유통 대기업은 자신들이 운영하는 대형마트에 식품을 깔아야 하고, 동네상권에 대기업이 진출하기는 쉽지 않다. 고객의 니즈는 큰데, 이걸 충족할 만한 스케일업된 산업이 없었던 셈이다. 우리가 그 공급을 만들어주면 될 거라고 판단했다."

Q 아이템이 확실하다면 창업에 뛰어들어도 괜찮을까. 많은 직장인이 스타트업이나 창업의 꿈을 꾼다. 그들에게 현실적인 조언을 해준다면.

A "직장이 힘들거나 미래가 불안해서 도망치듯 나오면 안 된다. 정확한 아이템과 팀을 가지고 창업하는 것이 좋다. 그러면 실패 확률이 많이 낮아진다. 다만 창업에 대해 너무 미화해서는 안 된다. 창업으로 성공한 사람들이 너무 스스로를 대단한 사람인 것처럼 말하는 경향이 있는데, 뒤늦게 미화된 측면이 크다고 본다. 모르고 한 게 얻어걸린 경우가 많고, 나도 마찬가지다. 지금이야 두 번째 창업이니까 이 단계에서 뭘 해야 할지 이런 것들이 눈에 보이지만, 처음 할 때는 맨땅에 헤딩하

는 심정이었고 시행착오도 많았다.

가장 힘든 건 앞이 보이지 않는 것이었다. 10대 맞고 10억 번다고 생각하면 10대 맞는 것도 참을 수 있다. 그런데 계속 맞기만 하고 언제 돈이 생길지 모르면 10대는커녕 5대도 못 버틸 수 있다. 이런 건 지나고 나면 알기 마련인데 너무 미화하기보다는 현실적인 창업기를 알려주고 싶었다."

이 이야기를 하면서 이진호 대표는 중국 한나라의 무장인 한신(韓信)의 이야기를 꺼냈다. 한신은 한왕 유방의 부하로 항우와의 싸움에서 여러 차례 공을 세워 대장군의 자리에까지 오른 인물이다. 한신의 가장 유명한 일화 중 하나는 2만의 군사로 그 10배에 달하는 조나라 군대를 제압한 전투였다. 이 전투로 '배수진'이라는 말이 생겼다.

이진호 대표는 배수진이라는 말을 왜 꺼냈을까. 그는 창업에는 배수진이 없다고 단언했다. 이 대표는 "역사적으로 배수진을 처음 만든 한신 빼고는 배수진으로 성공한 적이 없다"며 "믿을 곳이 있어야 자신감도 생기고 매력적으로 사업을 어필하고 만들어갈 수 있다"고 말했다. 창업을 하겠다고 지금 다니는 회사 업무와 사람들을 내팽개쳐서는 안 된다는 말이다. 이진호 대표는 "물건도 파는 사람이 안달이 나봤자 사는 사람이 사고 싶은 마음이 들지 않으면 팔 수가 없다"며 "이거 아니면 안 되는 사람은 안달하는 마음이 드러날 수밖에 없고, 그러면 물건을 사려던 사람도 한 걸음 물러나게 된다"고 했다. 배수진이 아닌 마음의 여유와 평온이 비즈니스를 성공으로 이끈다는 설명이었다.

Q 창업을 적극적으로 추천할 것 같았는데 이야기를 들어보니 그렇지 않다.

A "주위에서 창업하겠다고 하면 먼저 말리고 본다. 제대로 할 사람은 나한테 물어보지도 않는다. 창업하고 싶다고 조언을 듣겠다고 오는 사람은 사실 안 될 가능성이 훨씬 높은 사람들이다. 두 가지 경우가 있다. 회사에 적을 두고 새로운 일을 모색하는 사람과 이거 아니면 안 된다고 죽어라고 하는 사람. 창업판에서는 이거 아니면 안 된다는 사람이 망할 가능성이 더 크다. 도박판에서도 결국 판돈이 많은 사람이 이긴다. 회사에서 인정받아서 다시 돌아갈 수 있도록 만들어놓거나 창업한 회사가 아니어도 돈이 나올 구멍이 있는 사람이 결국 더 잘 된다."

Q 지금까지 커리어를 쌓아오면서 정립한 나만의 철칙이나 좌우명이 있을까.

🅐 "어렸을 때부터 좌우명은 '진인사대천명'이다. 사람이 일을 벌이지만, 성패를 결정하는 건 하늘이다. '관상'이라는 영화 마지막에 송강호가 '나는 시시각각 변하는 파도만 봤을 뿐, 파도를 만드는 바람을 보지 못했다'고 하더라. 그걸 보고 나는 한 번은 불어올 바람을 기다리며 파도를 만들기 위해 계속 물장구치는 거라는 생각이 들었다. 바람의 때를 대략은 알아도 정확히 맞추기는 어렵다. 파도 정도는 내가 만들어볼 수 있으니 계속하는 거다. 바람이 불 때까지.

어려운 의사결정을 앞두고는 잠시 혼자 걷곤 한다. 그리고 다시 처음으로 돌아가서 생각한다. '내가 왜 이 일을 시작했을까? 그때 이루려고 했던 목표는 무엇일까? 내가 가려고 했던 방향은 어디인가? 그렇다면 이 일은 어떠한 의미를 갖는가?'를 생각하고 결정한다."

🆀 덤앤더머스나 슈퍼메이커즈나 대학에서 만난 선배와 함께 창업했다. 친구와는 돈 관계로 엮이지 말라는 오랜 속담도 있는데 아무런 문제가 없나.

🅐 "노력하면 된다. 결혼도 하는데 사업도 마찬가지 아닐까. 서로 맞추려고 노력한다. 덤앤더머스 때 함께 창업했던 공동대표는 2년 선배였고 학창시절부터 많이 따랐던 선배다. 지금

공동대표도 대학 친구다."

Q 회사 안에서의 인간관계는 어떻게 유지하나. 인간관계를 원만하게 유지하기 위한 철칙이 있다면.

A "일반 직장인이면 동기들과 회사 이야기도 하면서 스트레스를 풀 텐데, 나는 그럴 수가 없으니 어려운 게 있다. 내가 어떻게 대하든 직원들은 나를 어려워할 테고. 우아한형제들 임원일 때도 마찬가지였다. 나는 일을 시켜야 하는데 직원들은 나를 사측으로만 보니 직원들과 관계유지가 참 어려웠다. 그래서 사적인 이야기는 하지 않았다. 어쭙잖게 사적인 이야기를 해봤자 일에 방해만 된다고 생각했다. 직장에서는 어느 정도 인간관계에 선을 긋는 게 일하기 편하다. 비즈니스이다 보니 다른 인간관계에서라면 절대 하지 않을 결정도 많이 해야 한다. 회사와 나의 이익을 위한 일이다. 배의 정원이 9명인데 10명이 탔으면 1명은 내보내야 한다. 그게 리더인 내가 할 일이다."

금수저로 태어나지 못했다… 그래서 일을 즐긴다

이진호 대표는 연세대학교 신문방송학과를 나왔다. 금융회사를 다니다 창업에 뛰어든 경력만 봤을 땐 경영학이나 경제학을 전공한 게 아닐까 싶었지만 신문방송학 단일전공으로 학부를 마쳤다. 원래는 기자를 꿈꿨다고 한다. 하지만 언론고시를 봐야 한다는 말에 기자를 포기하고 은행 취업을 준비했다. 기자가 되기 위해 언론고시라는 시험을 치러야 하는 게 이해가 되지 않았다고 한다. 어떤 일을 할까 고민하다가 경제신문에 연봉순으로 1위부터 10위까지 직업이 소개됐고, 거기에 있는 분야들을 모두 지원해서 합격한 곳을 고른 게 은행이었다.

Q 경영학이나 마케팅을 전공하지 않았는 데도 좋은 성과를 내는 비결이 있을까.

A "경영학은 매니지먼트 기술을 가르쳐주는 학문이다. 그에 비하면 창업은 나라를 세우는 일과 비슷하다. 실제로 당 태종인 이세민이 신하들과 정치에 대해 이야기한 것을 한 권의 책으로 묶은 《정관정요》에 보면 나라를 세우는 걸 '창업'이라는 단어로 표현하고 있다. 나라를 세우는 걸 매니지먼트 기술로 할 수는 없다. 철학과 비전이 있어야 가능한 일이다. 스킬은 없어도 괜찮다. 어떻게 해야 직원들의 가슴을 더 설레게 할 수 있을까가 중요하다."

Q 지금 하는 일과 전공은 큰 상관이 없어 보이는데, 대학생활이

어떤 점에서 도움이 된다고 느끼나.

Ⓐ "전공이 지금 일과 전혀 관련이 없는 건 맞다. 아마 공대가 아 닌 이상 대부분의 전공이 그럴 것이다. 이따금 들을 만했던 강의, 읽었던 책, 친구들과 술 마시면서 했던 이야기들, 여행 과 운동, 지금까지도 연락을 하고 지내는 좋은 사람들을 만났 다는 것 정도가 대학 시절에 얻은 것이라 생각한다.

이렇게 말하면 대학이 쓸모없는 것처럼 보이는데 절대로 그 렇지는 않다. 후에 느낀 점이지만 대학생활은 인간으로서 지 켜야 할 윤리와 도덕, 사회를 이루는 규칙, 사회 구성원으로 서 지켜야 할 사회적 책임 등을 가르쳐줬다. 또 이를 꼭 지 켜나가기 위한 노력을 다짐했던 시간이었다고 생각한다. 사 업뿐 아니라 인생을 살아가면서 절대로 잃어버려서는 안 되 는 기본이다. 인생을 살다 보면 많은 유혹이 생기는데, 이런 당연한 것들을 지키지 못해서 무너지는 사람들을 너무 많이 봤다."

Ⓠ 창업가들을 금수저를 물고 태어난 것 아니냐는 삐뚤어진 시 선으로 보는 사람들도 있다.

Ⓐ "나는 금수저가 아니었다. 그래서 선택을 한 것이다. 금수저 로 태어났다면 '워라밸'을 지키면서 편안하게 무언가를 이룰

수도 있을 것이다. 하지만 금수저가 아니었기 때문에 나는 모든 걸 쟁취해야만 했다. 어설프게 금수저들의 워라밸을 흉내 내면서 괴로워하느니 워라밸을 포기하고 승부를 보자는 생각을 했다.

물론 주니어 레벨에서는 워라밸을 지키는 것도 가능하다. 그때는 일을 누군가가 주기 때문이다. 시키는 일만 하면 된다. 하지만 관리자가 되면 워라밸을 지키는 게 어려워진다. 업무를 잘 배분하기 위해서는 더 많은 고민이 필요하다. 이때 일과 삶을 어떻게 분리할 수 있을까. 직장을 벗어나서도 어떤 현상을 자신의 업무와 연관지어서 생각하는 사람과 그렇지 않은 사람의 성과가 당연히 다를 수밖에 없지 않을까."

Q 일만 하는 삶이 재미가 있을까. 우리가 일만 하는 기계는 아니지 않나.

A "이나모리 가즈오라는 일본의 유명한 경영자가 있다. 그 사람이 쓴 책을 좋아하는데, 그가 '일에서 즐거움을 찾아야 삶에 의미가 있다'고 했다. 이 말을 좋아한다. 나는 일을 통한 성장에서 즐거움을 찾으려고 한다. 좋아하는 취미가 정말 많지만 일에 방해가 되지 않을 정도만 즐기고 절제했다.

놀이에서 얻는 즐거움은 근본적인 게 아니다. 반면 일에서 얻는 성취의 자극은 다르다. 계속해서 새로운 즐거움을 준다. 술이나 운동은 한계가 있고, 자극이 언젠가는 멈추지만 일에서 얻는 즐거움은 끝이 없다."

이나모리 가즈오는 일본 교세라의 창립자이자 명예회장이다. 전 세계에서 가장 존경받는 경영자 중 한 명으로 일본에서는 '경영의 신'으로 불린다. 27세의 나이에 맨손으로 교세라를 만들어 세계적인 전자부품 회사로 키웠다. 2010년에는 80세의 나이에 파산 직전의 일본항공(JAL)의 재건을 맡아 1년 만에 흑자 전환에 성공하기도 했다.

이나모리 가즈오는 재능보다 노력을 중요하게 여긴다. 일과 인생의 성공을 위한 '사고법×열의×능력'이라는 방정식을 소개하기도 했다. 능력은 타고난 재능이지만 사고법과 열의는 얼마든지 바꿀 수 있기 때문에 인생의 성공에는 재능보다 노력이 더 중요하다는 뜻이다. 일하는 목적이 뚜렷하다면 누구든 불가능해 보이는 꿈을 달성할 수 있다는 게 이나모리 가즈오의 설명이다. 우아한형제들을 만든 김봉진 의장도 이나모리 가즈오를 자신의 인생의 스승으로 꼽는다.

"신입사원이 30대에 임원이 되고 싶다면 ○○을 해야 한다"

는 문장의 빈칸을 채워달라는 공통 질문에도 "일을 통한 개인의 성장을 즐길 수 있어야 한다"는 답을 보내줬다. 그런데 요즘 시대에 내가 좋아하고 즐길 수 있는 일을 고르는 게 불가능하지 않나. 100군데 이력서를 넣어서 한 군데 합격하면 군말 없이 다녀야 하는 시대다.

Ⓐ "사회에서 주어진 일이 내가 좋아하는 일일 가능성은 많지 않다. 그런 환경을 사회초년생이 만드는 것도 어려운 일이다. 대신 한 직장에 평생 다니는 시대가 아니라는 걸 알아야 한다. 지금의 일은 내가 원하는 바를 이루기 위한 과정이라고 생각할 필요가 있다. 꼭 대기업이나 큰 회사를 가야 할까. 내가 뜻한 바가 있다면 스타트업이나 중소기업에서 조금 더 원하는 일을 택해서 커리어를 시작할 수도 있다. 선택의 문제다. 어디든 배울 수 있는 건 최대한 배우고, 그렇게 일하다 보면 다른 기회가 충분히 올 수 있다. 좋아하는 일을 할 수 있으면 좋겠지만 꼭 그래야 할 필요는 없다. 어제와 오늘이 다르고 내일이 또 다를 것이라는 기대감을 가지는 게 중요하다. 그런 과정에서 성취감을 느끼는 게 더 재미있는 일이다."

Ⓠ 여전히 젊은 나이다. 10년 뒤, 20년 뒤에는 어떤 모습일까.

Ⓐ "가끔 생각은 해보는데 10년 뒤까지는 아직 그려지지 않는

다. 당장 내일도 모르니까. 당장은 서비스의 성장만 생각하고 있다. 서비스를 오래 잘 만드는 게 목표다. 과거에는 성과에 대한 보상이 나를 움직이는 원동력이었다.

그런데 요즘에는 개인적인 보상보다는 사회에 가치 있는 일을 할 수 없나 고민하게 된다. 돈을 떠나서 생각하게 되는 시점이 온 것이다. 먹고살 만해져서 그런 것 같기도 하다. 어떻게 해야 이 서비스가 다른 사람들에게 인정받을까를 고민한다. 서비스가 성장하면 나 역시 성장할 것이라고 믿는다. 그 과정에서 성장하는 나를 보는 재미가 있을 것 같다."

이진호 대표가 책임져야 하는 직원은 2021년 3월 기준으로 150명에 달한다. 150명의 생계가 걸린 하나의 기업이 이진호 대표가 내리는 선택에 의지하며 흥망성쇠의 파도를 헤치고 나아가고 있다. 지금까지는 제법 잘 해내고 있지만 잘못된 선택이나 판단이 언제 회사를 휘청하게 만들지 알 수 없는 게 스타트업 생태계다.

나 하나의 삶도 책임지는 게 힘에 겨운데 기업의 대표들은 어떻게 수백명 직원의 생계를 짊어지고도 꿋꿋한 걸까. 그 스트레스를 어떻게 버틸 수 있는 걸까. 이진호 대표에게 특별한 비법이 있는지 물었더니 "걷는다"는 짧은 답이 돌아왔다.

"파워워킹은 아니고 산책하듯이 걸어요. 그러면 기분이 좋아집니다. 뇌에 피가 돌아서 그런 건지 잘 모르겠는데 하여튼 걸으면 생각도 잘 정리가 돼요. 일이 잘되게 만드는 게 나의 일이니까요. 화내서 잘 되는 일은 없더라고요. 힘들면 힘든 대로 내 기분이 회사의 일에 최대한 영향을 주지 않으려고 노력합니다. 걷는 게 제법 도움이 됩니다."

슈퍼메이커즈는 아마 지금보다 두 배, 세 배, 열 배 이상으로 성장할 수도 있을 것이다. 회사가 성장할수록 이진호 대표가 산책하는 시간도 길어지지 않을까. 슈퍼메이커즈가 자리한 강남역 드림플러스 빌딩 근처에서 생각에 잠겨 산책하고 있을 이진호 대표의 모습이 그려진다.

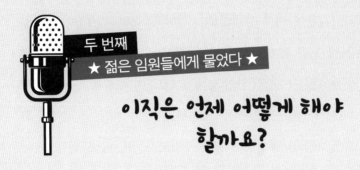

이직은 언제 어떻게 해야 할까요?

이직은 모든 직장인의 간절한 소원이자 마지막 빽이다. 많은 직장인이 마음 한 켠에 사직서를 품고 힘든 회사생활을 견딘다고 한다.

취업포털 인크루트가 2021년 초 직장인 672명을 대상으로 한 설문조사 결과를 보면 절반이 넘는 57.3%가 "올해 이직을 희망한다"고 답했다. 또 다른 취업포털 잡코리아가 직장인 1476명을 대상으로 한 설문조사에서는 응답자의 37.5%가 "취업을 하자마자 이직을 준비한다"고 답했다.

'퇴준생'이라는 말도 생겨났다. 퇴사와 취준생을 합친 퇴준생이라는 말이 일상적으로 쓰일 만큼 많은 직장인이 이직을 꿈꾸고 준비하고 있다. 한국고용정보원 조사에 따르면 직장인의 평균 이직 횟수가 4.1회라고 한다. 한 회사에 뼈를 묻는 일은 드물어졌다. 이직은 더 이상 먼 나라 이야기가 아니다.

하지만 어떻게 해야 이직을 잘할 수 있는지에 대한 정보는 많지가 않다. 지금 다니고 있는 직장을 언제 어떻게 나와야 할지는 모두의 고민이자 걱정거리다. 섣부르게 잘 다니던 회사를 나왔다가 이직한 회사에서 적응에 어려움을 겪는 경우도 많다. 이직한 곳에서도 만족하지 못하고 떠돌이 신세가 되거나 어디에도 만족하지 못하는 '파랑새 증후군'을 겪기도 한다.

직장인들은 왜, 어떤 이유로 이직을 하는 걸까. 인크루트의 설문조사 결과를 보면 2010년에는 이직사유 1위가 '연봉'이었는데 2021년에는 '복리후생·근무환경'으로 바꼈다. 10년 전 4위였던 '복리후생·근무환경'이 1위로 올라왔고, 1위였던 '연봉'이 2위로 내려갔다.

하지만 젊은 임원들의 생각은 조금 달랐다. 이들은 돈이나 복리후생, 근무환경을 보고 직장을 옮기지 않았다. 이들이 한결같이 이야기한 건 '성장 가능성'이었다.

김숙진 CJ제일제당 상무는 시장조사업체인 TNS에서 과장으로 있다가 CJ제일제당에 대리로 이직했다. 연봉도 1000만원 정도 낮아졌다. 직급과 연봉이 모두 낮아졌는데도 이직을 택한 이유는 하고 싶은 일이 분명했기 때문이다. 김숙진 상무는 "시장조사 보고서는 그만 쓰고 직접 전략을 세우고 싶었다"고 말했다.

한국씨티은행의 유기숙 전무도 마찬가지다. 유 전무는 SC제일은행에서 먼저 임원을 달았지만 한국씨티은행에 부장으로 이직했다. 임원을 하다가 부장으로 직급을 낮추면서까지 이직한 이유는 업무 영역을 넓히기 위해서였다. 유 전무는 "SC제일은행에서는 금융기관이나 공기업 관련 업무를 많이 했는데, 한국씨티은행으로 옮기면 기업과 관련된 업무를 할 수 있었다"며 "기존에 했던 것과 다른 세그먼트를 할 수 있다는 점이 매력적이었다"고 말했다.

인사관리 전문가인 정태희 리박스컨설팅 대표는 좋은 회사인지 나쁜 회사인지 따지는 건 중요하지 않다고 설명했다. 그보다 이직하는 회사에서 무엇을 배울 수 있는지가 중요하다는 것이다. 스스로 자신의 커리어 목표치를 잡고 그 목표치에 맞춰서 필요한 역량이나 경력을 이직을 통해 채우라는 말이다.

류영준 카카오페이 대표의 경우를 보자. 류영준 대표는 작은 스타트업의 창업 멤버였다. 이 회사는 모바일 붐을 타고 빠르게 성장했고 코스닥에 상장까지 했다. 직원도 200명까지 늘었다. 그러자 문제가 나타났다. 회사가 단기간에 성장하다 보니 정치적인 문제들이 생겼고, 직원들 사이에 소통도 어려워졌다고 한다. 이런 과정을 거치면서 류영준 대표는 규모가 큰 조직이나 기업은 어떻게 조직관리를 하고 직원들은 서로 간에 어떻게 소통하는지 궁금해졌다.

고민 끝에 류영준 대표가 내린 선택은 이직이었다. 류 대표는 관리의 대명사인 삼성그룹 계열사인 삼성SDS로 이직했다. 그곳에서 조직관리와 인사관리에 대해 배운 류 대표는 이후 카카오로 자리를 옮기고 지금의 위치까지 올랐다. 스타트업에서 삼성SDS로 이직할 때 류 대표는 "조직관리를 배운다"는 목표가 확실했던 것이다. 그리고 그곳에서 배운 걸 카카오로 이직한 뒤 개발자 출신 CEO가 되며 확실하게 활용했다.

네이버 최연소 임원으로 화제를 모은 정민영 책임리더에게 개발자들은 어떻게 이직할 회사를 골라야 할지 물었다. 정민영 책임리더의 대답도 마찬가지였다. 그는 회사만 보지 말고 무슨 일을 할지 봐야 한다고 했다. 정민영 책임리더는 "돈도 중요하지만 커리어 측면에서 평생 가치를 생각해야 한다"며 "지금 당장 1000만 원이 적은 것보다 20년을 일한다 치면 20년 동안 얻을 수 있는 전체적인 경제적·비경제적 보상을 생각해야 한다"고 말했다. 정민영 책임리더도 비트라는 스타트업에 합류할 때 연봉의 60%를 낮췄다고 한다. 그럼에도 이직을 택한 건 자신의 커리어 전체로 봤을 때 비트에서 일하는 게 필요하다고 생각했기 때문이다.

끊임없이 시도하라, 성공이 당신을 기다리고 있다
전승호 대웅제약 대표

자신의 인생을 체계적으로 디자인하라
김수연 LG전자 상무

마켓컬리를 디자인한 건축학도, K-푸드 세계화를 그리다
박은새 컬리 크리에이티브 디렉터

3부

관계에는 적당한 거리와
확실한 선이 필요하다

끊임없이 시도하라,
성공이 당신을 기다리고 있다

전승호 대웅제약 대표

120여 년의 역사를 보유한 제약산업은 국내 최고(最古) 산업으로 꼽힌다. 그만큼 업계 분위기는 보수적이기로 유명하다. 선대가 세상을 떠나거나 경영 일선에서 물러나면 후손이 회사를 물려받는 오너 중심 문화가 여전히 남아 있다. CEO들의 평균 연령 역시 만 60세로 높은 편이다.

대웅제약 역시 2대에 걸쳐 오너 경영을 이어온 회사다. 그런 대웅제약이 지난 2018년 봄 파격적인 인사를 단행했다. 전문경영인 체제로 전환하고 당시 43세에 불과했던 전승호 글로벌 사업본부장을 대표로 선임한 것이다. 1975년생 전승호 대표는 국내 제약업계에서 오너 출신이 아닌 CEO 중 최연소 CEO라는 기록을 세웠다. 서울대 약학대학에서 석사까지 마친 그는 2000년 첫 직장으로 대웅제약을 선택, 입사 19년째 되는 해에 대표에 올랐다.

전승호 대표는 취임 직후 자신의 전공을 살려 미국 등 글로벌 시장을 공략해, 2019년 창립 이후 처음으로 별도 기준 매출 1조 원을 돌파했다. 전승호 대표의 행보 하나하나에 제약업계가 주목하고 있다.

Q 대웅제약에서 근무한 지 올해로 22년째다. 이직 제안이 많았을 것 같은데, 떠나지 않은 이유가 궁금하다.

A "이직 제안이 들어올 때마다 대웅제약에서 쌓아나가고 있는 나의 커리어와 삶의 만족도, 조직 공헌도, 자아실현 정도를 따져봤다. 항상 남아서 더 많은 것들을 이루어야겠다는 판단을 내렸다. 법인도 인격체라는 말이 있다. 회사는 나와 운명을 함께 하는 존재다. 그리고 그 회사 안엔 나와 함께 손발을 맞춰 일해온 동료와 선후배가 있다.

사실 나도 처음 입사할 땐 이렇게 오래 다닐지 몰랐다. 일과 사람 모든 것이 만족스러웠기 때문에 성과를 낼 수 있었고 빠르게 승진할 수 있었다고 생각한다."

Q 갈 수 있는 제약사가 많았을 텐데, 그중에서도 대웅제약을 선택한 이유가 있나.

A "석사를 마칠 때쯤 대웅제약에서 좋은 조건의 제안을 주셔서 특채로 입사했다. 가장 마음에 들었던 조건은 서울에서 일할 수 있다는 것이었다. 집에서 출퇴근하기 수월하다는 장점이 있었고 여러 조건을 고려했을 때 대웅제약이 내가 꿈꾸던 제약사의 비전을 실현할 수 있는 곳이라는 판단이 들었다."

Q 입사 6년 만에 팀장을 맡았다고 들었다. 보수적인 제약업계 특성상 이례적인 케이스일 것 같다.

A "같이 일했던 상사들이 좋게 봐주셨기 때문에 가능한 일이다. 내게 일을 맡기면 결론이 나오는 것은 물론 가시적인 성과가 나오는 부분에 특히 높은 점수를 주셨다. 그 덕분에 빠르게 승진할 수 있었다. 입사 1년 뒤부턴 구체적인 업무 지시를 받아본 적이 없다. 스스로 기획부터 실행, 결과까지 책임지고 주인이 돼 이끌어가는 업무 방식을 체질화한 것이 큰 도움이 됐다."

Q 젊은 임원이 등장한 만큼 사내 분위기도 바뀌었을 것 같은데.

A "내가 본부장이 되던 시기에 연공서열 중심의 호봉제가 사

라지고 직무 · 능력 · 업무 · 역할 등에 따라 임금을 결정하는 직무급제가 시행됐다. 보수적 업계 특성상 연공서열을 없앤 것은 파격적인 시도였다. 처음엔 혼선이 있었지만 6년가량 지난 지금은 잘 자리 잡았다. 나이가 많다고 해서 진급하는 것도 아니고, 리더십이 뛰어난 것도 아니다. 반대로 나이가 어린 직원이 상위 직급으로 올라간다 해도 이들이 나이 많은 직원들을 지배할 수 있는 것은 아니다. 맡은 역할에 최선을 다하고, 사람 대 사람으로 예우를 다해야 한다."

Q 다른 선배들처럼 약사의 길을 선택하지 않은 이유가 있나.

A "약대 졸업 후 제약사행을 선택하는 비율이 생각보다 높다. 약사로서의 삶은 나이가 들어도 언제든지 가능하다. 그러나 회사는 때를 놓치면 쉽지 않다. 약은 사람의 건강을 유지하고 질병을 치료하는 중요한 역할을 한다. 정해진 약사의 길만 걷기보다는 연구 · 개발(R&D)과 생산 · 판매를 배우고 싶었다. 새로운 약을 개발하고, 그 약으로 각종 난치성 질병을 치료할 수 있다는 것은 굉장히 매력적이다. 전 세계 환자들을 돕는 셈이다. 젊었을 때 스케일이 큰 사업을 해보고 싶었던 이유도 있다."

집요함이 승패를 가른다

전승호 대표는 입사 직후 국내에서 연구된 제품을 시장에 출시하는 라이선싱 업무와 해외에서 연구, 개발 단계에 있는 신약을 들여오는 라이선스 인 업무 등을 담당했다. 입사 1~3년 차 때 그가 출시한 제품은 기능성 소화불량 치료제인 '가스모틴'과 고혈압 치료제 '올메텍'이다. 모두 대웅제약의 스테디셀러로, 지난해에만 각각 253억원, 321억원의 매출을 올렸다.

Q 초년병 때 발굴한 제품이 지금은 대웅제약의 매출을 이끌어 가는 기반이 됐다. 신약 후보를 찾는 일이 모래사장에서 바늘 찾기만큼 어렵다고 들었는데, 이 같은 성과를 낼 수 있었던 비결은.

A "석사까지 했으니 전문성에서 승부를 봤다고 생각하신 분들이 많은데, 사실 나 정도의 전문성을 갖춘 분들은 여럿 계셨다. 결과를 만들어내는 집요함이 비결이라고 생각한다. 나는 목표를 세우면 설계도를 그리고 그에 따라 실행한다. 길을 가다가, 밥을 먹다가, 샤워를 하다가도 목표를 어떻게 하면 달성할 수 있을지 생각한다. 이렇게 떠올린 좋은 아이디어는 미루지 않는다.

회사에서 새로운 업무를 자청해서 맡았던 것도 성공 요인이다. 남들이 해보지 않은 품목, 사업을 하면 주목을 많이 받을 수밖에 없다. 내가 걸어온 길을 후배들은 따라오면 되도록 만들어주는 '퍼스트 무버'로서의 역할이 재밌었다. 생각해보면 창의적 발상을 내놓고 시도하는 것을 좋아하는 것 같다."

Q 입사 후 10년간은 상품 출시 업무를 주로 했다면, 2010년부터는 해외 진출 업무를 담당했다. 업계에서도 손꼽히는 '해외 통'일 정도로 전공 변경에 성공했다.

A "2009년까지만 해도 국내 주요 대기업들은 해외에 진출해 있었지만 제약업계는 여전히 내수 시장에 머물러 있었다. 해외 시장에서 차별화하려면 신약이 있어야 한다. 문턱이 높다 보니 해외 사업에 대한 관심이 저조했다. 그러나 해외 진출은 시간 문제라고 판단했다. R&D 성과는 앞으로 계속 나올 것이고, 이를 활용하면 매출 공헌도도 높일 수 있었다.

마침 2010년 당시 해외 사업팀이 신설됐다. 이전까지는 단타성 영업 위주였는데, 전략적 사업 기반을 만들어볼 수 있겠다는 생각에 직접 자원했다. 10년간 신사업을 하면서 익혀온 지식과 역량을 해외 사업에 접목하면 된다고 봤다.

감사하게도 회사가 나를 위해 팀을 만들어줬다. 첫 도전 국가는 인도네시아였다. 최정예 팀원을 데리고 팀장으로 1년간 활동하니 제약업계에서 해외 진출 키워드가 떠오르기 시작했다. 그때 해외 진출을 준비했다면 늦었을 것이다."

Q 인도네시아에서 'K-바이오' 위상이 점점 높아지고 있다. 그 초석을 대웅제약이 세운 셈이다.

A "인도네시아 진출 당시 시장 분석과 전략 등을 직접 디자인했다. 우리의 강점은 무엇인지 따져본 결과, 대웅제약이 바이오 분야에서 우위라고 판단했다. 기술은 있었지만 현지 시장 사정은 잘 몰랐고 현지 공장도 없었다. 파트너를 구해야 했다. 한 번 출장을 갈 때마다 3주씩 일정을 잡았는데, 하루에 회사 두 곳씩 30~40곳의 회사를 만났다. 그렇게 조건이 맞는 회사 한 곳과 2012년 초 합작사를 설립했고, 2016년 말 첫 제품이 출시됐다.

인도네시아는 우리가 기술을 해외에 이전한 첫 사례다. 지금도 인도네시아에서 R&D부터 제조, 마케팅까지 모두 현지화해 진행하고 있다. 내가 디자인한 전략이 현실로 나타나는 것을 보면서 퍼스트 무버로서 보람을 느꼈다."

Q 첫 시도는 성공하면 엄청난 박수를 받지만 그만큼 실패할 가능성도 크다. 도전 과정에서 결과에 대한 우려는 없었나.

🅐 "물론 실패에 대한 두려움은 있다. 그러나 두려움에 갇히면 아무것도 할 수 없다. 최악의 경우 역시 돌파할 수 있다고 믿으면 거리낄 것이 없다. 회사의 문화 역시 힘이 됐다. 실패해도 충분히 이해해주고 다음 기회도 주는 회사다. 당시 상사도 도전을 계속 독려했다. 물론 실패가 뻔히 예상되는 상황까지는 아니었다. 분석을 통해 성공 가능성이 70%는 되겠다는 판단이 섰기 때문에 추진한 거다.

나는 도전해서 성과를 내기 위해 회사를 다닌다고 생각한다. 내가 받을 수 있는 평가는 크게 두 가지가 있다. 아무것도 하지 않을 때, 도전해서 성공 또는 실패했을 때다. 확률을 조합해보면 도전했을 때 받는 평가가 훨씬 낫다. 아무것도 하지 않으면 삶의 의미도 재미도 없다. 그래서 실패해서 어떤 결과가 나오든 신경 쓰지 않았고, 스트레스가 크지도 않았다."

현재 인도네시아에는 대웅제약을 비롯해 종근당, 동아ST등 여러 국내 제약사가 진출해 있다. 그중에서도 가장 두드러진 성과를 보이는 곳은 대웅제약이다. 전승호 대표의 지휘 아래 대웅제약은 2012년 인도네시아 기업 '인피온'과 합작 법인 '대웅인피온'을 설립, 현지 시장에 안착했다. 지난 2016년에는 수라바야에 인도네시아 최초의 바이오의약품 공장을 완공했고, 빈혈치료제 '에포

디온'을 판매하고 있다. 출시 6개월 만에 '에리스로포이에틴(EPO, 적혈구 생성 조혈제)' 시장 점유율 1위를 차지했고, 지금도 1위를 유지하고 있다. 지난해 1월에는 할랄 인증까지 획득하며 날개를 달았다. 당시 팀장이었던 전승호 대표는 사업 진행 중이던 2014년 본부장에 올랐다.

내 커리어는 내가 설계한다

Q 해외 사업 부서에 자원했다고 했다. 보통 직장인의 커리어는 회사 인사에 달려 있기 마련인데, 본인이 직접 커리어를 설계한 셈이다.

A "회사가 운영하는 경력개발제도(CDP)의 덕분이다. 개인이 원하는 부서를 선택할 수 있는데, 내가 주니어 때부터 있던 제도다. 나름 CDP의 성공 사례 중 한 명이라고 자부한다. 약학에서 끝내지 않고 사업개발과 마케팅을 두루두루 경험하다 보니 2010년쯤엔 약사라는 정체성은 거의 남아 있지 않았다. 입사 1~2년 차엔 '전 약사'라고 불리기도 했지만 아주 잠깐이었다. 이제 주변에서 뭐하냐고 물어보면 비즈니스한다고 말한다."

Q 입사할 때 세운 목표가 있나. 대표가 되겠다는 생각도 있었는

지 궁금하다.

A "대표라는 구체적인 목표를 정해놓고 시작하진 않았다. 다만 맡은 직무에서만큼은 세계적인 리더가 되고 싶다고 생각했다. 사실 굉장히 막연한 목표였다. 리더가 무엇인지, 어떤 역할을 맡는지도 몰랐다. 다만 세계적인 수준까지는 올라가야 한다는 것만큼은 뚜렷했다. 기업 규모를 떠나 신사업 개발 분야에서만큼은 목표에 상당히 다가섰다고 생각한다."

Q 자리가 높아질수록 그만큼 신경 써야 할 일도 많아질 수밖에 없다. 휴가조차 제대로 가지 못하는 임원들도 많다.

A "바쁘다는 말을 입에 달고 사는 사람들은 핑계가 많다. 물론 임원이 되면 바쁘다. 그러나 한 달 내내, 일 년 내내 눈코 뜰 새 없이 바쁘면 생활이 불가능하다. 일을 어떻게 효율적으로 처리하는지, 어떻게 쉬는지가 중요하다. 그래야 번아웃을 방지할 수 있다.

틈틈이 쉬고 숙면을 취해줘야 한다. 그래야 도파민과 세로토닌이 나올 수 있고, 에너지가 생겨 일에 대한 집중도가 올라간다. 운동을 통해 체력을 유지하는 것도 중요하다. 내 경우 바쁠 땐 계단이라도 뛰어서 올라온다. 지하 3층까지 내려갔다가 5층까지 올라오는 식이다. 시간은 2분이면 충분한데 효과는 대단하다. 식사한 뒤 혈당이 올라가게 돼 있는데, 이렇게 계단을 뛰어 올라오면 5분 뒤부터 1시간 뒤까지 혈당이 쭉 내려간다. 살이 찌는 건 칼로리를 많이 섭취해서라기보단 고혈당이 자주, 오래 지속되기 때문이다. 혈당이 필요 이상으로 높아지면 남는 부분은 지방으로 저장하고 그 과정에서 살이 찐다. 이렇게 생활 속에서 강도 높게 운동할 수 있는 방법을 찾으면 건강을 챙기면서 일의 효율성도 높일 수 있다."

Q 임원이 된 후 근무시간이 늘어나지는 않았나.

A "출근 7시, 퇴근 7시 정도로 시간은 비슷하다. 각 직책에 맞는 업무 노하우가 있다. 적응만 하면 시간은 중요하지 않다. 결국 시간 관리와 체력 관리, 노하우가 중요하다. 창의성을 유지할 수 있도록 노력하는 것 역시 빼놓을 수 없다."

Q 무조건 많은 시간을 투입한다고 해서 성과가 나오는 것은 아니란 뜻인가.

A "나는 무턱대고 오래 일하는 것은 좋아하지 않는다. 지식 노동자의 성과는 시간으로 책정할 수 없다. 창의성과 효율성으로 증명해야 한다. 나는 지금도 직접 디테일하게 R&D를 지휘한다. 제약업계에서는 새로운 신약, 기술 등을 '에셋

(asset)'이라고 하는데, 다양한 에셋에 대한 감을 잃지 않기 위해 해외 논문, 저널 등을 계속 공부하고 있다. 이렇게 트렌드를 읽어야 연구개발 분야의 임직원과 직접 의견을 나눌 수 있고, 밖에서도 새로운 에셋을 발견해서 들여올 수 있다. 이처럼 기술적 업무가 50% 이상을 차지한다."

Q 일 잘하는 직원을 구분하는 기준이 있을까.

A "적극적이면서도 끝까지 일의 매듭을 짓는 직원에게 높은 점수를 주고 싶다. 대표가 큰 콘셉트를 던져주면, 디테일한 사업 계획과 보완점 등을 들고 오는 직원들이 있다. 스스로 먼저 해보고 싶은 일을 가져오기도 한다. 이런 직원들은 관여할 부분이 많지 않다. 성공, 실패와 상관없이 결론을 낸다. 한 번 얘기해두면 잊어버려도 될 만큼 믿고 맡길 수 있다."

Q 적극적이고 추진력 있는 직원을 현재의 채용 구조에서 가려내기는 쉽지 않을 것 같다.

A "채용 단계에선 사실 알 수 없다. 그래서 나는 학습의지와 열정, 소통능력 이렇게 세 가지만 본다. 학습에 대한 의지가 없는 사람은 진도가 나가질 않고 결국 일도 잘 풀리지 않는다. 열정적으로 여기저기 물어보면서 움직여야 학습이 가능하고

발전할 수 있다. 일은 혼자 하는 것이 아닌 만큼 소통도 원활해야 한다."

Q 공통 질문인데, '30대에 임원이 되고 싶다면 ○○을 해야 한다'는 문장에서 ○○에 들어갈 단어를 골라달라.

A "무엇이든 도전해야 한다. 가만히 앉아만 있거나 남들이 하라는 대로만 하면 아무 일도 일어나지 않는다. 행동을 취해야 그에 대한 결과가 나온다. 직장이든 사업이든 새롭게 시도하고 도전하면 좋겠다. 그 과정에서 재미를 느끼면 금상첨화다."

최근 인기를 끌고 있는 성격유형검사 'MBTI'는 개인의 타고난 심리 경향을 4가지 양극 지표에 따라 분류하는데, 그중에서도 판단 기능은 사고형(T)와 감정형(F)으로 나뉜다. 전승호 대표는 관계와 자신에게 주는 의미를 중시하고, 협조에 능해 팀내 의사소통 관리에 유리한 감정형(F)에 해당한다고 했다. 그는 "팀원들에게 일대일 피드백을 잘 해주는 편이었는데, 그 덕분인지 팀장을 오래 하는 동안 불가피한 사유를 제외하고는 내 밑에 있을 때 퇴직한 친구가 거의 없었다"고 말했다.

전승호 대표를 포함해 이번 책을 위해 만난 임원들 대부분에게 빠른 승진으로 인해 주변의 시기나 질투를 받아본 적은 없냐는 질문을 던졌다. 적어도 자신이 직접 느껴본 적은 없다고 답했다. 자격에 의구심이 든다면 반발은 일어날 수밖에 없다. 이들이 쌓아올린 성과와 앞으로 조직에 가져다줄 이익 등 모든 것을 동료들이 인정했기 때문에 나올 수 있는 반응이다.

열심히 일해서 성과를 내는 것이 기본이지만, 이를 가능케 하는 능력을 입증하는 것 역시 중요하다. 동료들에게 자신의 가치를 설득시켜야 향후 조직을 이끌 때 모두가 한마음으로 같은 방향을 바라보고 달릴 수 있다. 전승호 대표가 소통능력을 강조하는 이유 역시 여기에 있지 않을까.

자신의 인생을 체계적으로
디자인하라

김수연 LG전자 상무

LG전자가 2021년 상반기 연결 기준 매출액 34조9263억원, 영업이익 2조8800억원으로 역대 반기 기준 최대 실적을 올렸다. 특히 상반기 영업이익의 약 60%인 1조5598억원이 생활가전(H&A) 사업본부에서 나왔다는 점을 시장은 주목하고 있다. '가전은 LG'라는 명제는 흔들리지 않는다는 것을 증명했다.

LG전자 H&A 사업본부는 프리미엄 전략으로 승부수를 띄웠고, 그 판단은 옳았다. 그 전략의 최정점에는 주방 가구와 함께 붙박이 형태로 설치하는 '빌트인(Built-in)' 가전 중 초 프리미엄 라인인 '시그니처 키친 스위트'가 있다. 시그니처 키친 스위트는 차별화된 주방을 원하는 고객군의 수요를 정확하게 파고들었다. LG전자의 세계 초일류 가전 브랜드라는 목표에서도 시그니처 키친 스위트가 핵심 역할을 맡고 있다.

LG전자의 미래, 시그니처 키친 스위트를 디자인한 김수연 수석전문위원(상무)을 만났다. 디자인경영센터 내 H&A디자인연구소 빌트인·쿠킹 태스크 리더를 맡고 있는 그는 1980년생으로, 지난 2019년 만 39세의 나이에 별을 달았다.

Q 30대 여성 상무가 탄생했다는 점에서 큰 주목을 받았다. 임원 승진 연락을 받았을 때 어떤 기분이었나.

A "임원 발표가 나는 11월 말쯤, 퇴근길에 직속 상사 비서실에서 다음날 아침 일찍 면담을 하자는 연락을 받았다. 밤새 잠을 못 이루고 나간 면담 자리에서 상무 승진 소식을 들었다. 감사 인사와 다짐까지 말씀드리고 나왔지만, 방을 나오면서 손발과 다리가 떨렸던 기억이 난다. 예상치 못했던 소식에 놀랐고, '젊은 인재, 여성 인재'라는 타이틀에 대한 부담감이 몰려왔다. 기쁜 마음보다는 어떻게 잘해야 할지 걱정이 컸다. 내가 좋은 선례가 돼야 더 많은 후배들이 기회를 받을 수 있기 때문이다. 일반 상무 직위에 디자인 수석전문위원 타이틀

을 함께 주셔서 '내가 잘하던 일을 더 잘하자'고 다짐했다."

Q 승진의 결정적 이유를 알고 있었던 듯 하다. 수많은 동료들과의 경쟁에서 선두를 달릴 수 있었던 본인만의 무기는 무엇인가.

A "너무 뻔한 답일 수 있지만 전문성과 끈기라고 생각한다. 인테리어나 주방 가전처럼 사용자의 삶과 맞닿아있는 디자인에 관심이 많다 보니 입사 직후 관련 부서를 지원했고, 그 결과 좋아하는 일이 업으로 연결됐다. 하고 싶은 일을 스스로

선택했고, 진심으로 일을 즐기다 보니 연차에 비해 빠르게 전문성이 생겼다.

나는 욕심이 좀 있는 편이다. 담당자 시절 해외 전시회를 다녀보니 당시 LG전자는 이미 세계적인 가전업체였음에도 유명 인테리어 스토어나 가구매장에 들어가 있지 않았다. 유럽 정통 가전 브랜드뿐이었다. 빌트인 비즈니스 없이는 글로벌 1위 가전업체가 될 수 없다는 생각에 계속 빌트인 가전을 제안하고 설득했다.

제품 개발 과정에서 처음 제안한 디자인을 끝까지 고수하는 것은 정말 어려운 일이다. 투자자본수익률(ROI), 이해의 충돌(COI) 등 사업적 관점에서 '숫자' 공격이 들어오면 디자인의 감성적 가치는 쉽게 지기 마련이다. 그런 과정에서 디자이너들도 끊임없이 설득하며 디자인을 완성시키는 집요함이 정말 중요하다. 탄탄한 머리와 단단한 마음, 논리를 혼합해 최적의 안을 만들어가야 한다."

Q 아무리 전문성과 끈기를 갖췄다 해도 유리천장을 깨부수기엔 역부족일 수 있다. 특히 조직의 역사가 오래되고 규모가 크면 더욱 그렇다.

A "나의 가치를 높여야 한다. 내가 맡은 일은 그 누구보다 잘하

고 싶었다. 남녀를 떠나 조직이 크다 보니 많은 사람과 경쟁해야 했다. 돋보이려면 나만의 가치가 있어야 한다고 생각했다. 그 누구도 대체할 수 없는 나의 역할과 가치를 찾으려고 했다.

그럼에도 불구하고 성별에 대한 장벽은 존재할 수밖에 없다. 그렇다고 좌절하고 포기할 수는 없다. 먼저 다가가 벽을 허물어야 한다. 최선을 다하는 모습을 보여주고, 진정성 있게 업무와 사람을 대하려고 노력했다. 상대방의 노력을 인정하고 사람 자체를 존중하고 난 후부터는 성별을 떠나 인간 김수연으로 바라봐 준다는 점을 깨달았다.

요즘 우리 조직에서 자주 하는 얘기인데, 남녀의 차이는 분명 존재한다. 이 차이를 잘 살려야 한다. 각각 서로의 다름을 인정하고 상호 보완을 해준다면 훨씬 좋은 결과를 만들 수 있다. 각각 다른 성향의 멤버들이 원 팀으로 서로 신뢰하며 일할 때 시너지가 나는 것과 같은 원리다. 나는 여성으로서 꼼꼼하고 감성적인 강점을 최대한 강화하되, 약점인 감정적 모습은 평균 수준으로 관리하기 위해 노력하고 있다."

매순간 리더십의 시험대에 올라야 한다는 점도 임원의 고충이다. 젊은 임원이면 상대적으로 직원들과 소통하는 데 덜 어려움을 겪을 것 같다는 생각이 든다.

🅰 "나는 입사 4년 차 때부터 PL을 맡았기 때문에 항상 리더십이 어려운 숙제였다. 리더라는 짐은 내려놓고 디자인만 하고 싶다는 생각이 들 때쯤, 한 임원께서 해주신 말씀이 기억에 남는다. 모든 글로벌 경영자 코스와 기업 교육과정에 리더십 교육이 필수로 들어가 있고, 서점에 수많은 리더십 관련 서적이 있는 이유는 리더십이 모두에게 어렵고 정답이 없기 때문이라는 내용이었다. 그 말씀이 내게는 큰 힘이 됐다.

벌써 10년이 넘었지만 아직 어렵다. 특히 MZ세대 성향이 전 사회적으로 이슈인 지금 시점에서는 또 다른 변화를 계속 만들어가야 하기에 여전히 노력 중이다.

많이 듣고 대화하는 것만이 방법일 것 같아 후배 직원들과 식사하며 배우려고 한다. 나이 차이가 얼마 나지 않는데도 직급 때문에 나를 어렵게 생각하는 후배들이 많아진 것 같아 젊은 상무, 말 통하는 상무가 되려고 노력 중이다."

🆀 임원들의 삶은 모두가 고달프지만, 특히나 디자인 직군에겐 더더욱 워라밸은 다른 세상 이야기일 것 같다.

🅰 "'라떼는'처럼 들릴 수 있어 조심스럽지만, 임원이 되기 전에는 밤낮없이, 주말없이 일했던 때가 많았다. 워라밸은 없었던

셈이다. 그러나 내가 임원을 시작한 2년 전부터 주 40시간 근무제와 자율근무제가 시작됐다. 최근엔 코로나19로 인해 재택근무도 활발하다. 이 같은 제도 변화 때문에 임원 전과 후를 정확히 비교하긴 어렵다. 다만 요즘은 팀원들을 위해서라도 일찍 퇴근하고 주말에는 나오지 않으려 한다."

Q 이 책을 위해 만난 대부분의 임원 역시 성공을 위해선 올인하는 자세가 필요하다고 하더라.

A "올인하는 것은 필요하다. 그러나 자의인지 타의인지가 중요하다. 재능을 타고난 천재조차 좋아 미쳐서 하는 사람을 못 이긴다고 한다. 나는 그게 인간만이 가질 수 있는 특화된 진화라고 생각한다. 무언가에 빠져서 몰입하는 것만큼 강력한 에너지는 없다. 경험상 올인하는 자세는 그 누구의 강요로도 생기지 않는다. 스스로 좋아서 몰입하는 것이 성공의 조건이다."

많이 보고, 많이 경험하고, 많이 느끼는 것

김수연 상무가 1999년 국민대 공업디자인과에 입학한 후 처음 디자인한 제품은 헤어드라이기였다. 여러 모양의 컬을 자유롭게 만들어낼 수 있으면서도 무선으로 사용하는 기기였다. "결과물은 지금 생각해도 엉망이었다"고 하지만, 최근 헤어드라이기가 비숫한 방향으로 혁신을 거듭하고 있는 것을 생각하면 놀라운 발상이었다. 그렇게 가전을 통한 삶의 변화를 꿈꿨던 그는 대학 4학년때 LG전자에서 디자인 인턴십을 시작, 졸업 후 2003년 LG전자에입사했다.

Q 공업디자인 전공을 활용할 수 있는 분야는 무궁무진하다. 그 중에서도 특히 가전 디자인을 선택한 이유가 궁금하다.

A "나는 인간의 삶에 직접적인 영향을 미치는 '좋은 것'을 만드는 데 매력을 느낀다. 패션을 전공하려다 공업디자인학과에진학한 이유다. 내가 디자인하고 만들어내는 결과물이 일상생활에서 사용돼 '더 좋게, 더 아름답게, 더 가치 있게' 변화를 만들어내는 모습이 좋다. 비슷한 이유로 인테리어 디자인도 생각했지만, 좀 더 안정적인 디자이너 삶을 위해서는 가전이 낫다고 판단했다.

가족이나 친구들을 위해서 요리하는 것도 좋아한다. 맛있게요리하는 것도 좋지만, 모이는 사람과 모임의 목적에 따라 메뉴를 선정하고, 요리해 예쁘게 담아내서 함께 나누는 시간을보다 의미 있게 만드는 것이 좋다. 가전 디자인도 마찬가지다.우리 제품이 고객의 공간을 만들고, 고객의 삶이 우리 제품으로 인해 나아지는 것을 상상하면 더할 수 없이 행복하다."

Q 가전 디자이너라는 꿈을 실현할 수 있는 수많은 곳들 중 LG 전자를 택했다. 앞에 놓인 선택지가 워낙 많아 고민도 많았을 것 같다.

A "당시 대기업에 입사하는 디자이너들은 대부분 모바일, 디지털 기기를 선호했다. 가전을 선호하는 나는 선택의 우위에 있었다. '백색가전은 LG'라는 인식이 있어서 LG전자를 1순위로 희망하긴 했지만, 이곳에 대한 확신은 없었다. 조금 다녀보다 정 아니면 유학을 가자는 막연한 생각으로 입사했다.

그런데 첫 신입사원 교육에서 경영 이념이 '고객을 위한 가치 창출'이라는 것을 알게 됐다. 요즘이야 많은 기업이 고객 중심 사고를 하지만, 2003년 당시만 해도 흔치 않았다. 사람들에게 더 좋은 가치를 만들어주고 싶다는 디자이너로서의 내 생각과 일치한다는 생각이 들면서 회사가 좋아지기 시작했다. 그렇게 이곳에서 작은 것부터 하나씩 내 디자인을 만들어 봐야겠다는 생각을 했다."

Q LG전자에서 '김수연'이라는 이름표를 단 첫 작품은 무엇이었나.

A "토스터와 커피머신이 결합된 전자레인지였다. 전자레인지 기능 조작 버튼들을 문 위쪽에 배치하고, 기존 조작부 공간인

오른쪽에 토스터와 커피머신을 넣었다. 융복합 멀티기능의 선두주자격인 제품이지만 당시에는 많은 관심을 받았다. 전자레인지 사업의 새로운 기회를 봤다는 평가도 받았다. 비록 계속 생산되진 못했지만 그 제품을 시작으로 전자레인지의 조작부와 도어가 일체형이 될 수 있다는 새로운 기준을 만들 수 있었다. 지금의 광파오븐과 같은 일체형 도어들 역시 이 제품 덕분에 생겨날 수 있었다."

Q 디자인 임원은 특히나 다른 직군 임원 대비 차별화된 자질이 필요할 것 같다.

A "디자이너의 가장 중요한 자질은 창의력과 그 창의력을 가시화하는 능력이라고 생각한다. 이것들은 모두 좋은 것을 아는 힘으로 연결된다. 새로운 것을 봤을 때 좋고 나쁨을 판단할 수 있어야 하고, 오래된 것을 봤을 때 그렇게 오래갈 수 있었던 좋은 가치를 발견할 수 있어야 한다.

나는 많이 보고, 많이 경험하고, 많이 느끼려고 끊임없이 노력한다. 분야를 가리지 않고 새로운 것, 좋다는 것은 직접 접해보고 써보려고 한다. 좋은 것은 왜 좋은지, 나쁜 것은 왜 나쁜지, 어떻게 하면 좋아질지를 생각하는 게 습관이다. 이 습관이 창의력과 가시화 능력 향상에 많은 도움이 됐다."

김수연 상무는 디자인 외에도 관심사가 무궁무진하다며 "다양한 분야, 다양한 접점에서 많은 감각을 키우려 한다"고 했다. 다양한 역량을 종합적으로 키워야 하는 시대인만큼, 호기심이 많고 배우려는 자세가 있는 사람이 성공한다는 이유에서다.

그는 최근 빌트인 가전을 담당하면서 건축가, 인테리어 디자이너, 프리미엄 딜러 등 다양한 분야의 전문가와 의견을 나눌 수 있게 된 게 행운이라고 말했다. "스스로 나의 영역, 역량의 한계를 두기보다는 다양한 채널을 통해 계속 진화시키려고 노력한다"는 말도 남겼다.

Q 콘텐츠의 홍수 속에서 영감을 주는 '질 좋은' 재료를 찾는 방법, 그리고 이를 잘 활용할 수 있는 방법이 있을까.

A "요즘은 핵심 정보를 찾아내는 것이 능력이 되는 시대다. 그렇지만 일차적으로는 많은 정보를 접해봐야 내가 흥미를 느끼는 부분을 찾을 수 있다. 흥미가 있어야 깊이 있게 들여다 볼 수 있다. 새로운 전시, 새로운 브랜드, 새로운 음식점은 가능한 한 다 가서 보고, 느끼고, 사고, 먹어보며 마음에 드는 것을 찾는다.

이차적으로 노력해야 하는 부분은 나의 흥미를 업무와 연관해서 생각하는 것이다. 물론 자연스럽게 내 마음속에 들어와 있는 것들이라면 어떤 방식으로든 결국 일에 영향을 미친다. 그럼에도 불구하고 의식적으로 노력한다면 더 빠르고 효과적으로 결과물과 연결될 수 있다."

Q 디자이너는 노력만으로 능력의 한계를 넘어서기 어려울 것 같다. 좋은 것을 많이 접하다 보면 디자이너로서의 부족한 역량이 충분히 채워질 수 있을까.

A "슬프지만 감각은 타고난다. 가우디나 미켈란젤로의 작품을 보면 숨이 막힐 듯한 감동을 받는다. 그런 천재성은 아무나 가질 수 없다. 하지만 디자이너는 예술가가 아니니 다행스럽게도 그 역량을 키워나갈 수 있다. 천재적인 예술가의 수준이 아닌, 조금 더 미려하게, 조금 더 감각적으로 보이게 하는 것은 가능하다. 좋은 것을 많이 보고 경험하면 분명 일정 수준 이상으로 올라설 수 있다. 트렌드를 기민하게 감지하고 변화를 빠르게 캐치하고 다양한 시도를 해보면 가치 있는 것을 찾아낼 수 있다. 많은 성공과 실패의 경험이 좋은 것을 구분할 수 있게 해준다."

MZ세대, 선배를 공부하라
기업 임원들이 최근 가장 많이 관심을 기울이는 분야는 아마도

MZ세대와의 소통일 것이다. 《90년생이 온다》라는 책을 시작으로 MZ세대의 특징과 생각, 이들과의 소통법을 다룬 책이 서점에 넘쳐나고 있다. 90년대생 신입사원을 멘토로 삼아 MZ세대를 공부하는 기업들도 있다. 그러나 반대로 MZ세대들은 선배들과 소통을 위해 크게 노력하지 않는 모습을 보이고 있다. '꼰대'라며 멀리하는 모습을 보이는 경우도 다반사다. 경험은 무시할 수 없고, 모두에게 배울 점은 있다. 선배들이 몸으로 부딪혀 터득한 노하우를 체득할 수 있다는 것은 얼마나 효율적인가.

Q 요즘 기성 세대는 젊은 세대 앞에서 한껏 작아진 모습이다. 진심어린 조언이 혹여나 오지랖이 될까봐 '자기 검열'에 나서기도 한다. 나이로는 젊은 세대지만 직급으로는 기성 세대인 입장에서 어떻게 생각하나.

A "내가 다시 20대, 또는 신입사원으로 돌아간다면 선배들과의 교류를 늘리고 싶다. 요즘 선배들이 MZ세대의 성향을 공부하고 맞추려고 노력하는 것의 반만큼이라도 그들의 노하우와 경험에서 오는 직관을 얻으려고 노력해야 한다.

선배들에게 배울 점이 많다. 올드하고 진부한 것으로만 치부하지 말고, 현명하고 영리하게 선배들에게 먼저 다가가 그들의 성공과 실패 경험을 내 것으로 만들어보면 좋겠다. 나도

전에는 몰랐다. 똑똑하니까 나 혼자 다 잘할 수 있을 거라 믿었다. 그런데 여러 부류의 팀장님들, 선배님들을 겪어보니 각각의 장단점이 보인다. 훌륭하지 않은 선배에게도 장점은 있고, '저런 선배가 되지 말아야지'라는 생각이 드는 것 역시 좋은 가르침일 수 있다."

 기억에 남는 선배가 있나. 그에게서 어떤 점을 배웠나

 "모셨던 대부분의 리더들로부터 많은 점을 배웠다. 그중에서도 특히 퇴임하신 조성진 전 CEO의 일관된 개발 전략과 제품에 대한 열정을 존경한다. 제품 개발 단계부터 집착에 가까울 정도로 퀄리티를 만들어내고 일관된 노력으로 끝까지 성공시키는 힘을 직접 지켜보며 대단하다고 느꼈다. 당시 담당자였는데, 정기적으로 팔로우업 보고를 해야 해서 힘들 때도 있었다. 그러나 그때만큼 열심히 자긍심을 가지고 몰입해서 일해야 한다는 생각을 지금도 한다.

팀 멤버들에게 업무 진행을 맡겼던 전임 팀장님 한 분도 기억에 남는다. 당시 많은 멤버들은 팀장님이 현업을 나 몰라라 한다는 불만도 있었다. 그러나 돌이켜보면 그때야말로 멤버들이 가장 주도적으로 일했던 시기가 아니었나 싶다. 멤버들끼리 협업하며 유관 부서에 대응하는 방법을 스스로 익혔다.

1부터 10까지 PL이 모두 도맡아야 한다고 생각하던 나에게
는 리더십과 팀워크 형성론에 대해 다시 한 번 생각해볼 수
있는 기회였다."

Q 이번엔 후배들에게 눈을 돌려보자. 디자인 분야에서 일 잘하
는 직원과 일 못하는 직원의 차이점이 무엇인가.

A "끊임없이 새로운 것을 해보려는 직원과 아닌 직원이다. 산업
디자인은 어쩌면 천재성보다는 끈기와 집요함이 더 중요할
수 있다. 거대 제조업체의 제품 디자이너는 더욱 그렇다. 개
발팀, 생산팀과 끊임없는 충돌 속에서도 끝까지 디자인 요소
를 설득하며 지켜내고 만들어내는 힘이 있어야 한다. 이를 위
해선 협업과 커뮤니케이션 기술이 중요하다. 그 과정에서 쉽
게 타협하거나 '안 해도 그만'이라고 생각하는 직원이 가장
안타깝다.

내 디자인이 본래 의도대로 세상에 나와 상품적 가치를 인정
받아야 나의 역할도 인정받는 것이다. 조직, 유관부서, 상사
등 핑계는 얼마든지 댈 수 있지만, 그중에도 성공하는 디자이
너는 항상 있다."

Q 어느덧 입사 20년 차를 바라보고 있다. 이직을 생각해본 적

은 없었나.

🅐 "한때 더 많은 시도를 하고 싶고 다른 곳에 가면 더 많은 것을 할 수 있다는 생각에 이직을 고려했던 적이 있다. 그런데 신기하게도 그럴 때마다 다른 제품, 다른 프로젝트가 주어졌다. 새로운 일을 시작하며 설렘을 느끼게 되면 또 그 일에 빠져버렸다."

🅠 빠른 승진을 위해서는 결국 이직이 필요하다는 시각도 있다. 한 직장에서 임원까지 성공한 사람으로서 어떻게 생각하나.

🅐 "요즘은 스타트업이나 1인 기업도 많고, 성공의 기준도 워낙 다양해져 어느 것이 정답이라고 말할 수 없다. 요즘 친구들은 취업보다 창업, 창직을 더 선호한다고도 하더라. 다만 내 경우와 같이 한 조직에서 꾸준히 본인이 목표를 가지고 최선을 다한다면 회사의 성장뿐만 아니라 개인의 성장에도 분명 기회는 있다.

특히 대기업은 본인의 성과에 따라 교육이나 연수 기회도 많다. 회사에 올인해서 일하는 것이 꼭 바보 같은 일은 아니라는 것을 많은 후배들에게 얘기해주고 싶다. 어디에서 무엇을 하든 본인의 목표와 비전에 따라 삶의 방향과 속도는 달라진다. 나도 15년 동안 디자인만 하다가 회사에서 인재 육성을 위해 진행하는 해외 MBA 과정을 수료하면서 업무를 대하는 관점이 크게 변화하고 성장할 수 있었다."

Q 이를테면?

A "15년간 디자인 조형, 스타일, 재질, 마감 등 큰 콘셉트부터 아주 작은 R값(곡률, 제품 모서리가 얼마나 둥글게 처리됐는지를 나타내는 round 수치) 하나까지 완벽을 추구했다. '이 디자인 은 이래야만 해, 생산은 알아서 해주겠지, 판매는 영업이 잘 해야지' 이런 생각이 있었다. 디자이너 중에서는 나름 적극적 으로 사업부에 대응하는 편이었지만, 그럼에도 불구하고 사 업 관점보다는 디자이너 관점이 훨씬 컸다.

MBA에서는 기업 운용에 필요한 전 분야를 포함해 디자이너 들이 열망하는 '파괴적 혁신(Disruptive innovation)'의 방법 론까지 다루고 있었다. 어느 한 분야만 잘해서는 기업과 경영 이 지속될 수 없다는 것을 깨달았다. 그때 배운 지식으로 여 러 회의체에서 협의되는 내용을 들으니 경영 상황에 대한 이 해도 훨씬 잘됐다. 디자인 진행 혹은 결정 단계에서 사업부와 협의 및 의사결정 포인트를 빠르게 파악할 수 있게 됐다."

Q 공통 질문인데, "30대에 임원이 되고 싶다면 ○○을 해야 한

다"는 문장에서 ○○에 들어갈 단어를 골라달라.

A "30대에 임원 꼭 안 달아도 된다. 그러나 본인이 일하는 분야에서 빠른 업적을 남기고 싶은 후배들에겐 나의 인생을 디자인해볼 것을 권한다. 계획을 세우고 꾸준히 나를 성장시켜 나가야 한다. 나도 어렸을 때부터 나의 인생을 더 진지하게 계획했다면 어땠을까 생각해본다.

업무 프로젝트는 계획과 리뷰, 수정을 반복하며 철저히 관리한다. 그러나 정작 내 인생과 내 하루는 제대로 계획하거나 평가하지 않았다는 생각이 요즘 많이 든다. 올해 목표 중 하나가 나의 생활, 루틴을 체계화해 생활화, 습관화하는 것이다. 더 일찍 시작하지 못한 것이 아쉽다."

마지막으로 김수연 상무에게 리더를 꿈꾸는 디자이너 후배들에게 조언 한마디를 부탁했다. 그는 배우 윤여정 씨가 4월 제93회 미국 아카데미 영화제에서 여우조연상을 수상할 당시 밝힌 소감을 인용했다. "오늘 제가 여기에 있는 것은 단지 조금 더 운이 좋았을 뿐이죠." 김수연 상무는 "그런 겸손한 마음이 그녀를 만들었다고 생각한다. 나는 완벽하지 않다고 생각하며 항상 노력하고 준비하는 사람만이 기회를 잡을 수 있다"고 했다.

김수연 상무를 비롯해 인터뷰를 위해 만난 임원들 모두에게서

볼 수 있었던 공통점이 바로 여기에 있다. 이른 나이에 높은 지위까지 오른 만큼 자신을 추켜세울 만한 부분은 차고 넘친다. 그러나 이들은 하나같이 "나는 대단한 사람이 아니다" "운이 좋았다" 등 비슷한 말을 반복했다. 이런 이유로 인터뷰를 고사한 임원들도 많았다. 책에 실릴 만큼 내세울 만한 점이 없다는 것이다.

겸손은 어쩌면 당연한 덕목이다. 그러나 이 어려운 자세가 결국 그들을 끊임없이 채찍질하게 만드는 원동력이 아닐까 싶다. 자만과 자신감은 종이 한 장 차이다. 자만하는 순간 경쟁에서 뒤처지는 건 시간 문제다.

마켓컬리를 디자인한 건축학도,
K-푸드 세계화를 그리다

박은새 컬리 크리에이티브 디렉터

2019년 금융팀 기자로 한국산업은행을 출입할 때 이동걸 한국산업은행 회장과 몇 번 대화를 나눌 기회가 있었다. 한국GM 구조조정이나 아시아나항공 매각처럼 굵직한 이슈들이 산적해 있을 때였다. 출입기자 입장에서 당연히 당면한 이슈들에 대해 물었다. 그러자 이동걸 회장은 그런 건 중요한 게 아니라며 혼내듯 답했다. 아니, 자동차나 항공은 국가 기간 산업인데 중요하지 않다니. 욱하는 마음에 그럼 뭐가 중요하냐고 따져 물었다.

그러자 이동걸 회장의 입에서 나온 회사가 바로 온라인 장보기

서비스 마켓컬리를 운영하는 '컬리'였다. 이동걸 회장은 자동차, 항공도 중요하지만 그보다 한국 경제에 시급한 문제는 새로운 성장 동력을 찾는 일이라고 했다. 컬리같이 새로운 혁신을 통해 산업을 바꾸는 스타트업을 찾아 지원하는 것만큼 중요하고 시급한 일은 없다는 말이었다. 이동걸 회장은 여러 차례 컬리를 직접 방문할 정도로 컬리에 애정을 쏟았다.

이동걸 회장의 믿음에는 근거가 있다. 컬리가 처음 세상에 등장한 건 2015년이다. 그해 컬리의 매출액은 29억원. 불과 5년 뒤인 2020년 컬리 매출액은 9530억원으로 1조원을 바라보고 있다. 누적 회원 수는 800만 명에 달한다. 컬리는 신선식품을 새벽에 배송해주는 '샛별배송' 시스템으로 급성장했다. 골드만삭스 애널리스트 출신인 김슬아 대표의 젊은 리더십으로도 주목받았다. 하지만 김슬아 대표 혼자만의 노력으로 컬리가 이 자리까지 올라올 수 있었던 건 아니다.

마켓컬리를 상징하는 특유의 진한 보라색 '컬리퍼플'을 더 돋보이게 하고, 홈페이지 콘텐츠와 유튜브 콘텐츠에서 제품 포장 용기까지 고객이 접하는 마켓컬리의 모든 접점을 디자인한 인물이 있다. '2030 여성'들에게 절대적인 지지를 받고 있는 마켓컬리라는 브랜드를 만든 주역이 바로 박은새 컬리 크리에이티브 디렉터다.

Q 1985년생으로 아직 30대 중반의 나이다. 컬리가 작은 스타트업이던 2016년부터 합류해 지금까지 컬리의 성장을 함께 만들어온 것으로 아는데, 어떻게 처음 컬리에 합류하게 됐나.

A "미국에서 대학원을 마치고 한국에 돌아와 국토연구원 글로벌개발협력센터 연구원으로 일을 시작했다. 출퇴근 거리가 멀어서 연구원 근처에서 자취를 했다. 주말에 본가에 가서 먹을 음식들을 소분해 와서 평일에 끼니를 해결했다. 그러다 보니 우리 엄마가 골라준 반찬이나 음식 같은 믿을 수 있는 상품을 소규모로 판매하는 마켓이 있으면 좋겠다는 생각을 했다. 그런 생각을 하는 중 우연히 인스타그램을 통해 마켓컬리 서비스를 알게 됐고, 경기도권에서 구하기 힘든 상품 몇 개를 주문했는데 정말 바로 다음 날 새벽에 배송돼 있어서 놀란 기억이 있다. 당시 청년들의 수도권 인구 밀집 이슈를 해결하려고 청년 귀농귀촌 장려를 위한 중소도시 활성화를 박사학위 주제로 고려하고 있었는데 직접 보니 마켓컬리가 대안이라는 생각을 했다."

엄마의 반찬을 찾는 입맛… 건축학도를 컬리퍼플로 물들이다

Q 사회 문제를 해결하기 위해 컬리를 선택했다는 이야기인가.

A "청년들이 수도권을 떠나지 못하는 여러 이유 중 하나가 지

방은 문화적 인프라와 더불어 생활 인프라 접근성이 떨어지기 때문이다. 그런데 수도권에 거주하지 않더라도 유명한 베이커리부터 허브까지 구하기 어려운 식재료를 온라인으로 쉽게 구매하고 다음 날 아침에 바로 받아보는 게 가능하다면, 청년들이 수도권을 벗어나 지방 중소도시에서 삶을 개척하는 데 중요한 역할을 할 수 있을 것 같았다. 아직 품목은 많지 않았지만 신선식품이나 가공식품이 세심하게 큐레이션 돼 있는 걸 보고 많은 사람이 서비스를 사용하도록 기여하고 싶었다."

실제로 컬리는 샛별배송 지역을 수도권 밖으로 꾸준히 확대하고 있다. 2021년 들어서는 충청권으로 샛별배송 지역을 넓혔고, 2021년도 말에는 전국으로 확대하는 것을 목표로 하고 있다.

Q 김슬아 대표가 직접 영입을 제안한 건가.

A "회사 규모는 작았지만 기존 유통에서 느꼈던 불편함을 해결하고자 하는 회사의 비전이 서비스 전체에 묻어났고, 브랜드가 주는 아우라도 있었다. 김슬아 대표가 나에게 공간을 공부한 사람이면 오프라인에서의 장보기 경험을 온라인에서 구현하는 데 차별화된 시각을 갖고 있지 않겠냐고 이야기하더

라. 브랜드가 가진 아우라는 김슬아 대표의 이런 차별화된 생각에서 나오는 것 같았다. 규모가 작은 유통회사가 크리에이티브 디렉터를 찾고 있는 것 자체에도 놀랐다. 소비자로서 이 서비스가 소중했고, 더 많은 사람이 이 서비스를 썼으면 하는 바람도 있었다. 고객과 상품 품목을 확장하기 위해 콘텐츠적으로도 몇 가지 페인 포인트가 보였고 그걸 해결하고 싶은 마음도 컸다.”

Q '공간을 공부한 사람'이라는 말이 나왔는데, 그 이야기를 더 해보자. 유통회사 크리에이티브 디렉터인데 대학과 대학원에서는 건축을 전공했다. 건축학도와 유통회사 크리에이티브 디렉터는 얼핏 전혀 상관이 없어 보이는데.

A “표면적으로는 많이 달라보이지만, 결국 전공이 업무에 긍정적인 영향을 많이 줬다. 대학과 대학원에서 배운 건 지식이 아니라, 사고를 하고 문제를 해결하고 포기하지 않는 훈련이었다.

흔히 건축이라고 하면 예쁜 집을 짓는 일, 조경이라고 하면 정원을 가꾸는 일만 생각한다. 하지만 보고 즐기는 아트워크가 아니라 실질적으로 기능하는 공간이자 시스템을 만드는 게 건축의 역할이다. 조경도 눈에 보이지 않는 폐수처리부터 환경, 도시 시스템을 설계하는 일이다. 장기적인 관점까지 고려해서 이슈를 도출하고 해결 방안에 대한 원칙과 전략을 세운 후 이 모든 것에 대한 솔루션을 제시하는 게 건축이자 조경이다.

실무적으로는 연결고리가 없지만 컬리에서도 커머스의 환경에 맞춰 규모의 경제를 달성하는 데 필요한 부분을 제시하고, 매 분기 일하는 방식을 수정하면서 결과물의 퀄리티를 유지하고, 업무를 시스템화하는 작업을 했다. 팀에서 작업하는 크리에이티브가 실제 고객들의 구매로 이어지도록 하는 부분이 건축, 조경과 맞닿아 있었다."

Q 펜실베이니아대학교에서 건축학, 하버드대학교 디자인대학원에서 조경학 석사를 받았다. 미국에서 커리어를 이어가도 됐을 텐데 한국에 돌아온 이유가 궁금하다.

A "공공부문에 관심이 많았는데 외국인 신분으로 미국 공공기관에서 일하는 건 쉽지 않았다. 대학원에서 인종차별을 겪으면서 미국 사회에서 동양인 여성으로 커리어를 쌓는 것에 대한 한계를 느끼기도 했다. 13년간 미국 생활에 지치기도 했고, 무엇을 더 공부할지 고민하는 시간도 필요했다.

귀국을 결심했을 때 10명 중 8명은 반대했다. 하지만 그때 같이 공부했던 사람들 중 2명 정도를 제외하면 다들 한국으로 돌아왔다. 지금 와서 돌이켜보면 귀국의 가장 핵심적인 이유는 모든 것이 갖춰진 환경이 아닌 곳에 기회와 가능성이 있다고 믿었기 때문인 것 같다. 아주 작은 스타트업이었던 컬리를 선택했던 것도 같은 맥락이다."

Q 건축을 공부하다 한국에서는 공공기관에서 일했다. 스타트업과는 업무의 성격이나 근무 방식이 전혀 다를 텐데 어떻게 적응했나.

A "대학과 대학원에서도 48시간씩 밤을 샜다. 학기를 마무리할 때쯤에는 30분 단위로 일정을 쪼개가면서 과제를 해내야 했다. 종류별로 드로잉부터 모델 작업까지 시간 안에 출력해서 발표하는 훈련을 짧게는 매주, 길게는 매 학기 단위로 했다. 이런 훈련이 스타트업에서 정답이 없는 크리에이티브를 수행하기 위해 필요한 기초 체력을 쌓게 해준 것 같다. 빠르게 변화하는 커머스의 환경과 속도에 적응하는 데 도움이 됐다. 보통 학창 시절에는 족보와 레거시를 바탕으로 상대적으로 쉬운 길을 택하기 마련인데, 전공의 특성상 그런 요행을 바랄 틈이 없었다. 학창 시절 과제들은 'what'만 던져준 채 'how'를 찾도록 하고, 'why'에 대한 오리지널리티가 없으면 결과

물이 화려해도 인정해주지 않았다.

컬리 역시 쉬운 길을 가려던 곳이 아니었다. 기존의 유통산업의 방식을 답습하지 않고 새로운 시스템을 만들어가야 했기 때문이다. '못 한다' '안 된다'가 아니라 '하면 되지' '한번 해보면 될 거야'의 태도를 가져야 했다."

컬리 같은 유통회사에서 크리에이티브 디렉터를 두는 것 자체가 파격이라는 평가가 많았다. 한국에서 크리에이티브 디렉터는 광고회사에 주로 있는 직책이었기 때문이다. 크리에이티브 디렉터는 오케스트라의 지휘자처럼 광고 프로젝트 전반을 지휘하고 이끄는 사람을 말한다. 하지만 컬리는 박은새 디렉터를 영입한 2016년부터 크리에이티브 조직을 회사 안에 두고 꾸준히 발전시키고 있다.

🅠 컬리의 크리에이티브 조직을 어떻게 만들어 나갔는지 궁금하다. 2016년만 해도 컬리가 아직은 유망주 그 이상도 이하도 아니었다.

🅐 "당시에는 회사 안에 직책 체계가 존재하지도 않았다. 모든 체계가 매일 새로 정의되던 시기다. 이러이러한 업무를 맡을 것이라는 큰 틀과 그림만 있었고 나머지는 업무를 하고 팀

빌딩을 하는 과정에서 김슬아 대표와 논의하면서 계속 발전시켰다.

가장 중요한 건 팀의 체질 개선이었다. 크리에이티브 디렉터 산하 스튜디오를 꾸리고 팀원 한 명을 데리고 일을 시작했다. 현업 경력이 없었는데 오히려 소프트랜딩하기는 좋은 상황이었다. 회사가 매일 성장하다 보니 업무의 역할과 범위를 놓고 실무진들이 어려워하기도 했다. 일반 회사라면 위계질서와 책임소재가 명확한 걸 원할 테니 말이다. 이 모호한 지점들을 정립하는 과정에서 정말 많은 소통과 설득이 필요했다."

Q 스스로가 생각하는 크리에이티브 디렉터의 정의는 무엇인가.

A "패션이나 광고 쪽은 크리에이티브 디렉터의 역할이 명확하지만 유통업계에서는 생소한 게 사실이다. 분야와 산업, 회사의 규모를 막론하고 크리에이티브 디렉터는 텍스트와 비주얼을 책임지는 사람이다. 콘텐츠 제작뿐만 아니라 커뮤니케이션 방향성을 비롯해 전체 프로젝트의 전략과 기획을 잡고, 조직을 관리하고 운영하는 업무도 맡는다. 지금은 컬리의 TV 광고를 제외한 모든 온·오프라인 텍스트와 이미지 총 책임자를 맡고 있다. 내가 입사한 이후 컬리 매출이 50배 정도 성장했는데, 매출이 50배 늘었다고 콘텐츠 제작에

도 50배 많은 돈을 쓸 수는 없다. 100개의 상품 콘텐츠 퀄리티를 유지하는 건 쉬울 수 있지만, 1000개의 퀄리티를 유지하는 건 어려운 일이다. 회사가 성장하는 과정에서 퀄리티를 유지할 수 있도록 조직화, 시스템화, 가이드화하는 역할도 내 몫이었다."

Q 앞에서 컬리에 합류한 이유 중 하나로 컬리의 페인 포인트를 언급했다. 구체적으로 어떤 페인 포인트가 있었나. 그걸 어떻게 해결했는지도 궁금하다.

A "처음 컬리에 왔을 때 콘텐츠팀이 만들 수 있는 콘텐츠의 수를 스스로 제한하고 있었다. 1명이 일주일에 3개의 콘텐츠만 만들 수 있다는 식이었다. 서비스를 처음 오픈했을 때부터, 잡지에서 상품을 소개하는 것과 유사한 콘텐츠를 만들었다. 당연히 신상품을 론칭하기까지 콘텐츠를 만드는 시간이 길게 소요될 수밖에 없었다.

컬리는 카테고리도 늘려야 하는데 상품을 보여주는 이미지 같은 콘텐츠가 없어서 상품을 못 파는 상황이었다. 왜 그럴까 생각해보면 상품 자체가 아니라 콘텐츠를 만드는 행위에 도취해버렸기 때문이라고 생각한다. '버크셔K 흑돼지 앞다리살 500g' 상품을 판다고 생각해보면 흑돼지 앞다리살만 보여줘도 되는데, 콘텐츠팀에서는 이런저런 데코레이션에 치중하다 보니 일주일에 3개밖에 만들 수 없었던 것이다. 사실 장식적 요소를 제거하고 원물만 보여줘도 아름다운 이미지를 만드는 것이 더 어려운 일이지만 말이다.

일하는 방식 자체를 바꿔야 했다. 이미지를 단순화하면 결과물이 떨어진다고 생각하고 이 때문에 변화를 두려워하게 된다. 이렇게 단순화하는 과정을 당시에는 굉장히 어려워했다. 상품 콘텐츠뿐만 아니라 광고 배너도 너무 복잡했다. 이런 문제가 컬리의 페인 포인트였고 바꿔야 할 부분이었다."

Q 좋은 크리에이티브 디렉터가 되기 위해서는 어떻게 해야 할까.

A "크리에이티브 디렉터의 기본 역량은 당연히 미적 감각이다. 다만 감각적인 크리에이터는 많다. 요즘은 전문가가 아니어도 감각 있는 일반인이나 인플루언서도 많다. 크리에이티브가 영향력을 가지는 건 미적 감각에서 그치지 않고 업계의 스탠다드를 바꿀 때다. 컬리는 크리에이티브를 위해 꾸준히 노력했고, 그 노력이 결과물에 담겼는지 많은 분이 컬리의 크리에이티브를 좋아한다. 업계에서도 마켓컬리의 스타일을 모방하면서 업계에서 '컬리 스타일'이라고 이야기하는 스타일도 생겼다. 컬리 스타일은 다양

한 모습을 보여주고 매일 진화하되, 변하지 않는 중심을 우직하게 유지해 나가는 것이 핵심이다. 이것이 '컬리 스타일'이 회자되고 수많은 업체가 컬리를 표방했던 비결이다.

단발성으로 반짝이고 사라지는 게 아니라 매일매일 서비스에 묻어나는 브랜드의 결을 만들려면 매일 올라오는 상품 콘텐츠부터 집중해야 한다. 하나의 결과물이 아니라 여러 개의 결과물이 모여서 서비스의 브랜드를 만드는 것이다. 하나하나 화려하게 보이는 것보다 전체가 조화롭게 은은하게 반짝이는 게 중요하다. 창조라는 게 새로운 발상을 하라는 게 아니다. 새로운 관점을 고민하면서 시뮬레이션을 통해 답을 찾아가는 과정이다. 효율성만 고민하면 결과물이 매력적이지 않고, 아티스틱한 요소에만 치중하면 규모의 경제가 힘들어진다. 매순간 이 두 가지를 줄타기해야 한다."

Q 컬리의 크리에이티브가 업계의 경쟁사들과 다른 부분은 무엇인가.

A "내가 크리에이티브 디렉터로 한 일은 결국 컬리 서비스를 형상화하는 것이었다. 좋은 서비스 경험을 통해 컬리 서비스를 이용하는 행위에 특별함을 부여하는 일이었다. 서비스 초기에 컬리의 보라색 로고와 화려한 상품 사진이 고객들의 눈

길을 사로잡았지만, 이런 콘텐츠가 탄생했던 배경은 온라인에서 신선식품을 구매하는 경험을 새롭게 정의했기 때문이다. 새벽배송 시장이 보편화되고 온라인에서 쇼핑하는 일이 평범해지면서 오히려 컬리의 차별점이 더 두드러지고 있다고 본다.

컬리 스타일의 온라인 콘텐츠는 어디서든 볼 수 있지만 마켓컬리 서비스와 상품이 가진 철학과 근본이 후발주자들과 다르기 때문에 마켓컬리를 하나의 브랜드로 인식하게 된 거다. 본판이 아름다워야 어떤 옷을 입혀도 매력적이다. 혈액순환이 잘 돼서 다크서클이 없어야지, 컨실러로 메이크업을 두껍게 해서 다크서클을 가리는 건 한계가 있다."

우물이 마르면 회사도 나도 손해… 채우기 위해 쉰다

박은새 디렉터와의 인터뷰는 서면과 줌을 통해 진행했다. 박은새 디렉터가 서울에 없었기 때문이다. 인터뷰를 진행한 2021년 봄에 박은새 디렉터는 회사를 휴직하고 강원도 고성에 머무르고 있었다. 일반 기업에서도 3개월의 장기 휴직은 쉬운 일이 아니다. 하물며 매일 빠르게 성장하는 스타트업에서는 더욱 그렇다. 박은새 디렉터는 새로운 에너지를 얻기 위해 어쩔 수 없는 선택이었다고 설명했다.

Q 크리에이티브 디렉터로서 롱런하기 위한 비법이 있을까. 창
의적인 아이디어를 길어올리는 나만의 우물이 있나.

A "강원도 고성에 온 지 한 달 반 정도가 됐다. 3개월 휴직을 했
다. 아무것도 안 하고 푹 쉬고 있다. 하루 세끼 밥 챙겨먹고,
요가하고, 등산하고, 서핑도 간다. 새로운 관점을 가지기 위
해서는 머리를 비워야 한다. 기존과 다른 환경에 놓여서 리
셋을 해야 한다. 매년 2주, 3주씩 멀리 떠났다. 김슬아 대표가
이 부분을 적극적으로 존중해줘서 가능한 일이었다. 회사가
가장 바쁜 시기임에도 불구하고 휴직기간을 가지는 걸 이해
해줬다. 우물이 마르면 회사에 내가 기여할 수 있는 것도 줄
어들기 때문에 이 부분에 대해 상호협의가 돼 있었다."

Q 강원도 고성을 택한 이유가 있을까.

A "과거에는 해외를 많이 갔다. 가까운 아시아 도시들을 비롯
해서, 남미를 길게 다녀오기도 하고, 밀라노 박람회나 스페인
미식투어를 가기도 하고. 하지만 이번에는 조금 다르다. 코로
나19로 인해 해외에 못 가는 이유도 있지만, 코로나가 아니
더라도 멀리 떠나고 싶은 마음이 없었다. 여행을 통해 채울
수 있는 건 한계치에 도달한 것 같다.
크리에이티브한 아이디어가 새로운 것을 본다고 영감이 떠

오르거나 하는 게 전혀 아니다. 익숙함에서 벗어나는 게 중요하다. 오히려 자연을 비롯해 살아 숨 쉬는 것과 매일의 일상에서 발견하는 소소한 아름다움을 통해 영감을 받아야 한다. 그렇게 하려면 마음의 여유가 중요하다. 그래서 요즘은 일상에 더 몰입한다. 대중교통을 이용해 시장을 다닌다. 운전하면서 보는 한강과 지하철에서 보는 한강이 다르다.

돌아다니는 것보다 더 중요하게 생각하는 것이 쉼이다. 정말 쉴 때는 TV도 안 켜고 음악도 안 듣는다. 직업의 특성상 눈을 뜨고 마주하는 모든 자극, 심지어 눈을 감고 코와 귀로 접하는 자극들이 다 업무와 연결되는 영감의 원천이다. 그렇다 보니 영화를 보거나 TV를 봐도 이완이 잘 안 된다. 그래서 모든 걸 차단하고 멍을 때린다. 의도적으로 끊어내고 쉬지 않으면 매너리즘에 빠진 상태에서 결과물을 낼 수밖에 없고, 방향성을 설정하는 단계에서 명료함이 사라진다. 심신이 잘 회복되면 새로 출시된 힙한 음악이 아니라 집 앞 공원에서 우연히 듣는 새소리에서도 영감을 받을 수 있다. 영감이라는 건 별다른 게 아니다. 일상과 사물에 대한 본질을 재발견하는 시각과 태도다. 요즘에는 운동과 체력 단련만큼이나 영성지수를 높이는 신앙에도 신경을 쓰고 있다. 불신이나 두려움, 교만, 기만 같은 부정적인 감정에 맞서는 데 신앙이 도움이 된다."

Q 컬리처럼 빠르게 성장하는 스타트업은 성공만큼이나 실패와도 가깝게 지낼 수밖에 없다. 실패와 좋은 친구가 되는 비결이 있을까.

A "삽질을 거듭해야 나만의 방향성을 잡을 수 있는데, 요즘은 많은 사람이 안정적인 선택과 답이 보장됐을 때만 시작하려는 경향이 있다. 부딪히고 실패하는 과정에서 느끼는 좌절감, 패배감에 대한 두려움과 회복탄력성이 떨어지기 때문이 아닐까 싶다. 하지만 실패와 패배 속에서도 분명히 배우는 것이 있다."

회복탄력성은 심리학의 한 가지 개념으로, 어려운 순간에 맞닥뜨렸을 때 이에 적응하고 원래로 돌아올 수 있게 해주는 능력을 말한다. 회복탄력성을 연구한 학자들은 시련과 고난을 이겨낸 경험이 있는 사람들이 다른 사람보다 회복탄력성이 높다는 걸 뇌파 실험을 통해 입증했다. 이를 바탕으로 회복탄력성을 높일 수 있는 방법을 제시하기도 한다. 실패 덕분에 더 행복해질 수 있다는 말이다.

Q 회복탄력성이라는 개념이 말로는 쉬워도 실제로 몸과 마음에 체득하는 건 어려운 일이다. 어떻게 회복탄력성을 높였는

지 궁금하다.

A "개인적인 경험이다. 학창 시절 한국에서 바이올린을 전공했다. 어릴 때부터 하루 종일 바이올린만 켰다. 그렇게 6, 7년을 했는데 다치면서 바이올린을 포기하게 됐다. 공부를 제대로 안 했으니 한국에서는 입시가 쉽지 않을 것 같다는 생각에 도피성으로 미국 유학을 택했다. 좌절이자 실패로 인한 선택이었는데 막상 미국에 가보니 새로운 길이 열리는 걸 경험했다. 그 이후로는 실패가 오더라도 더 좋은 길이 열릴 수 있다는 걸 깨달았다.

교육과도 연결되는 이야기다. 아기들은 한두 번 넘어져도 괜찮은데 요즘 부모들은 아기들이 아예 넘어지지도 못하게 한다. 넘어지는 걸 반복하면서 아기들이 스스로 일어나게 해주고 문제를 극복하게 해줘야 하는데 그런 경험 자체를 못하게 만드는 것이다. 회복탄력성을 키울 기회 자체가 사라지는 것이다. 나 같은 경우는 의도치 않게 넘어졌다가 회복한 경험이 있어서 자연스럽게 회복탄력성을 가진 것 같다."

"미국 고등학생 때였다. 건축을 해보겠다고 섬머프로그램으로 코넬대 건축학과에서 6주 동안 체험 수업을 했다. 교수님들의 첫 과제로 골판지와 자, 칼, 풀만 주고 6인치짜리 큐브를 만들라는 과제였다. 제출을 했는데 다음 날 또 만들라고 하고, 그다음 날도 또 만들라고 한다. 함께 수업을 듣던 아이들끼리 모여서 고민하다가, 큐브의 정의를 사전에서 찾아보니 8개의 점이 같은 거리에만 있으면 다 큐브라는 걸 알게 되었다. 정말 다양한 모양의 큐브가 나왔다.

마지막 날에서야 교수님들이 수많은 큐브를 놓고 공간에 대한 정의를 내려주었다. 우리가 만든 큐브의 90%는 공간의 정의에 부합하지 않았지만, 제약없이 만들어내는 과정에서 세상에 없던 새로운 큐브 형태와 공간이 나왔다. 주어진 프레임 안에서 수동적으로 뭔가를 하는 게 아니라 계속해서 주도적으로 고민하고 새로운 걸 만들어내는 법을 배우는 시간이었다."

Q 한국에서는 그런 교육법이나 교육과정을 접하는 게 쉽지 않다. 서울대 건축학과에서 고3 학생들을 여름방학에 모아놓고 그런 식으로 수업을 했다고 하면 학부모들의 항의로 난리났을 것 같다.

A "그렇게 되면 수동적으로 일을 하게 된다. 컬리에서 만난 젊은 직원들 중에도 그런 경우가 많았다. 수동적으로 업무를 대하고 안 되는 이유부터 찾는 경우가 많다. 한국식 교육에서는 고민할 시간, 실패할 시간을 허락하지 않기 때문이다. 크리에

이티브는 말이 아닌 결과로 증명해야 하는 영역이다. 생존을 위해 성과를 내야 하니 답을 잘 맞추는 것도 물론 중요하다. 과정이 좋아도 답이 틀리면 틀린 거다. 아무리 열심히 답을 잘 맞춰도 대중의 반응이 없으면 의미가 없다. 하지만 답만 잘 맞추는 것에 대한 경각심을 늘 가져야 한다. 지속가능하지 않기 때문이다.

김슬아 대표도 그렇고 나도 교육에 대해 관심이 많다. 교육이 바뀌어야 한국이 바뀐다는 말도 많이 한다. 왜 우리가 찾는 인재가 없을까 늘 고민하기도 한다. 결국은 교육 문제로 연결된다."

Q 어른의 문제, 기성세대의 문제가 아닐까. 이제 사회생활을 시작하는 젊은 직원들은 주어진 교육 시스템에서 열심히 했을 뿐이니까. 어떻게 해야 하는 걸까. 방법이 있을까?

A "공통 질문에 대한 대답을 고민해봤다. 신입사원이 30대에 임원이 되고 싶다면 무엇을 해야 할까. 고민해보니 '전심전력'이라는 말이 떠올랐다.

갈수록 책임감이나 주인의식이 약해지는 게 큰 문제라고 생각한다. 전심전력으로 일하는 것도 일단은 경험을 해봐야 할 수 있다. 문제는 해본 경험이 없으니 전심전력을 다할 여건도 만들어지기 쉽지 않다는 것이다.

코인 열풍 같은 것들이 뭔가를 우직하게 하는 걸 손해처럼 느껴지게 만들고 있다. 회사 차원에서는 보상 체계를 잘 갖추는 게 필요하다. 투자를 많이 해서 교육을 시키고, 넘어졌다 다시 일어나도 괜찮다는 걸 알려줘야 한다. 넘어지는 것에 대한 두려움을 극복하지 않으면 전심전력으로 나아가지 못한다."

'둥글게 둥글게'보다 '아닌 건 아니다'라고 말해라

Q 경영학이나 마케팅을 전공한 것도 아니고, 다른 기업에서 생활한 것도 아니다. 첫 기업 생활이 컬리였고, 입사할 때부터 관리자의 역할을 맡았던 셈이다. 리더십을 따로 배우거나 익힐 시간이 없었을 텐데 어떻게 대처했나.

A "조직의 성장 속도와 개인의 성장 속도가 다른 팀원들과의 온도 차이를 극복하면서 조직을 꾸려나가는 데 가장 많은 에너지를 썼다. 조직이 존재하는 이유를 정의하고 팀 빌딩을 하는 과정에서 출혈도 많았지만 스스로 옳다고 생각하면 강행했다. 내가 옳다고 생각하는 방향성을 관철시키기 위해 설득하는 과정이 늘 쉽지 않았다. 팀원과 관리자 입장에서는 주어진 업무에 대한 가치를 바라보는 관점이 다를 수밖에 없었다.

무엇보다 변화에 대한 두려움과 저항을 극복하는 게 가장 힘
들었다."

Q 어떻게 해결했나.

A "학부 때 사용하던 스케치북을 펼쳐놓고 조직도를 그렸다. 아
이디어 스케치 대신 조직도를 그리면서 구조적으로 문제를
해결할 방법을 고민했다. 처음에는 실무를 많이 하다 보니 업
무시간은 늘 초과였다. 퇴근 이후나 주말에 일을 하는 건 당연
했다. 크리에이티브는 답이 없는 영역이고, 커머스 속도에 맞
춰 퀄리티를 조금이라도 끌어올리려면 늘 시간이 부족했다.
변화는 많고 시간이 늘 없으니 기획이나 전략도 정리가 잘
되지 않는 경우가 많았다. 그래서 늘 소통이 필요했다. 2시간,
3시간씩 서로 이야기를 나누면서 설득하려고 노력했다. 마음
에 안 들면 결국 마지막엔 엎어버리고 직접 하는 스타일이었
다. 하나씩 직접 담당자들과 소통해서 연결고리를 만들어가
지 않을 수가 없다. 고되지만 보람찬 과정이기도 하다."

Q 회사에서 별명은 없었나.

A "지금도 그렇게 불리는지, 인정해야 하는 것인지 고민은 되지
만 '마녀'라고 불렸다는 이야기를 들은 적이 있다. 잘 몰랐지

만 처음 입사했을 때 욕을 엄청나게 많이 먹었다고 하더라. 옳다고 생각하면 밀어붙이는 성격이라 업계가 통상적으로 일하는 방법에 대해 경험이 없었고, 안 된다고 저항하는 사람들에게 공감을 못 해준 게 가장 큰 이유가 아닌가 싶다. 이제는 좀 더 유연하게 접근하려고 한다.

다만 조직생활 관점에서 보면 '둥글게 둥글게'가 좋을 수 있지만, 크리에이티브의 영역에서는 중심을 잡지 않으면 휘둘릴 수밖에 없다. 아닌 건 아니고, 별로인 건 별로라고 이야기하는 게 아이러니하게도 신뢰를 불러일으킨다. 표면적으로 좋은 사람이 되기보다는 제대로 말할 수 있는 사람, 그래서 믿을 수 있는 사람이 되는 게 중요하다고 생각한다. 다만 원칙과 상식이 큰 맥락에서 맞으면 유연하게 대응하는 걸 중요하게 생각하고 실제로도 조직의 유연성을 중시하고 있다."

🗨 젊은 나이에 스타트업에 합류해 성공한 기업으로 성장시켰다. 아직 일해야 할 시간이 많은데 다음 목표는 무엇인가.

🅐 "막연하게 대한민국을 브랜딩하는 일을 해보고 싶다는 생각을 한다. 'K-뷰티' 'K-푸드' 같은 것들이 이미 핫하지만, 한류가 실제로 알려지고 소비되는 방식에서 한국을 제대로 전달할 필요가 있다고 생각한다. 전 세계가 놀라워하는 한국의

경제발전을 국제기구와 개발도상국에 전파하는 업무를 해서인지 국토연구원 시절부터 한국에 대한 스토리를 다루는 일을 내 사명으로 여겼던 것 같다. 문화에 대한 이야기, 특히 의식주에 대한 이야기를 알려야 한다고 생각한다. 브랜딩을 할 때, 고객뿐만 아니라 조직을 대상으로 하는 내부 브랜딩도 중요하다. 한국의 스토리도 다음 세대에게 잘 계승하는 것도 중요하다. 다음 세대가 잘 이어나갈 수 있도록 가치를 왜곡하지 않고 남겨야 한다.

개인의 부나 안락함, 편안함보다는 사회에 기여할 방법을 찾는 게 내게는 더 강력한 동기부여가 된다. 전심전력으로 일할 수 있는 나만의 방법이라고 할까. 유학생활을 하면서 부를 승계받은 한국인 2세, 3세들도 많이 봤다. 부와 명예가 행복을 보장하지는 않더라. 개인의 동기부여가 강하려면 개인에게 가치를 두기보단 공공의 의미를 지녀야 한다."

박은새 디렉터는 인터뷰 도중 "임원의 책임감과 무게에 대한 부담감을 알게 된다면 과연 젊은 직원들이 임원이 되고 싶을까?" 라고 되물으며 웃었다. 정해진 근무 시간도 없고, 휴가는커녕 남들 다 쉬는 빨간 날에도 늘 근무대기 모드여야 하는 게 임원의 삶이다. 비단 박은새 디렉터만의 이야기가 아니다. 이번 책을 위해 만난 임원들 모두가 조금씩 다르긴 해도 같은 무게감을 느끼고 있었다.

임원이 되는 사람과 임원이 되지 못하는 사람의 차이는 어디에서 오는 걸까. 박은새 디렉터의 37년 삶의 궤적을 따라가다 보니 그 차이는 누가 더 강력한 동기부여를 가지는지에 따라 결정되는 게 아닐까 하는 생각을 하게 됐다. 박은새 디렉터는 개인적인 차원의 부와 명예보다 공공의 선을 위해 일할 때 지속가능한 동기부여가 가능하다고 말한다. "그래도 돈이 최고지" "승진이 최고지" "유명해지는 게 최고지" 이런 생각을 하며 박은새 디렉터의 말에 고개를 가로저을 수도 있다. 그건 상관없다. 중요한 건 동기부여를 꾸준하게 유지하고 지속가능하게 만들어줄 나만의 '비타민'을 찾는 게 아닐까.

박은새 디렉터는 아프리카 오지에서 만난 아이들의 천진난만한 미소에서 동기부여를 받았다고 했다. 아름다운 자연 속에 살지만 전혀 교육의 혜택을 받지 못하는 아이들을 위해 무언가 도움이 되고 싶다는 막연한 생각이 그를 국토연구원으로, 다시 컬리로 이끌었다. 무엇을 위해 일하고, 무엇을 위해 성공하고 싶은가. 그 대답을 찾는 게 임원이 되기 위한 첫걸음일 수 있다.

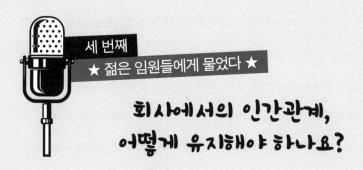

회사에서의 인간관계, 어떻게 유지해야 하나요?

"일보다 사람이 힘들다"는 말은 대한민국 직장인들에게 진리로 통한다. 이직을 하거나 퇴사를 결심할 때도 많은 사람이 인간관계에서의 스트레스를 이유로 꼽는다. 취업포털 인크루트의 설문조사 결과, 직장인 퇴직 사유 1위가 '대인관계 스트레스'였다.

회사에서 인간관계를 맺는 게 힘들다 보니 아예 자발적 아웃사이더를 택하는 직장인도 적지 않다. 취업포털 잡코리아가 2020년에 '2030' 성인남녀 5060명을 대상으로 조사한 결과, 응답자의 61.8%가 자발적 아웃사이더 생활을 하고 있다고 답했다. 2017

년 조사보다 17.8%p 증가했다. 특히 직장인의 경우 자발적 아웃사이더 생활을 한다고 답한 응답자가 2017년 37.4%에서 2020년 60.3%로 두 배 가까이 늘었다.

이들은 자발적 아웃사이더를 하는 이유로 '남들 눈치 볼 필요 없이 혼자 다니는 게 편해서' '대인관계에 지쳐서' 등을 꼽았다. 2020년 전 세계를 덮친 코로나19 사태로 재택근무가 늘고, 회식이 금지되면서 자발적 아웃사이더는 더욱 늘어나는 분위기다.

하지만 자발적 아웃사이더를 택했다고 해서 모두가 만족하는 건 아니다. 인성이나 대인관계에 문제 있는 사람처럼 보일까봐 후회한다고 답하는 사람도 적지 않았다.

'닥터 해피니스'라는 별명을 가진 에드 디너 유타대학 교수는 '소수집단과의 강한 유대감'을 행복의 필수 요소로 꼽기도 했다. 혼자서는 행복하기도 쉽지 않고, 조직에서 살아남기도 쉽지 않은 게 현실이다.

그렇다면 회사에서, 직장에서 어떤 인간관계를 맺어야 하는 걸까. 엄청난 '인싸'가 돼야 임원의 자리에 오를 수 있는 걸까. 아니면 '아싸'를 택해도 내 일만 잘하면 임원이 될 수 있는 걸까. 젊은 임원들의 선택은 의외로 '후자'였다.

김세호 쌍방울 대표는 영업왕만 수십 차례 차지한 영업의 귀재다. 새로운 사람을 만나는 걸 불편해하지도 않는다. 이야기를 나누기 전까지만 해도 엄청난 '인싸'일 것 같았는데 정작 인간관계에 대해 묻자 "모두와 친해질 필요는 없다"는 답이 돌아왔다. 김세호 대표는 회사생활에서 지키는 인간관계의 비결이 있냐는 질문에 "적을 만들지 않지만 모두와 친해지지도 않는다"고 답했다. 업무적으로 필요한 이야기는 다 하지만 마음속의 이야기를 꺼낼 정도로 친하게 지내지는 않는다는 것이다. 김 대표는 "남의 속까지 알아버리면 쓴소리를 해야 할 때 하지 못하게 된다"며 "사람과 사람 사이에, 그리고 회사생활을 하면서 좋은 일만 있을 수는 없기 때문에 (지나친 친분은) 오히려 방해가 된다"고 말했다.

회사 동료들과 적당한 거리를 유지하는 건 젊은 임원들의 공통적인 모습이었다. 최정원 그린랩스 본부장은 "매일 많은 사람을 만나고 연락해야 하기 때문에 스스로 선을 긋고 지키지 않으면 일하는 것이 오히려 힘들어진다"고 말했다. 그는 사람들을 만나는 것을 내 역할에 맞춰서 패턴화하는 게 필요하다고 했다. 이진호 슈퍼메이커즈 대표도 "어쭙잖게 사적인 이야기를 해봤자 일에 방해만 된다고 생각했다"며 "직장에서는 인간관계에 선을 긋는 게 일하기에 편하다"고 말했다.

네이버 최연소 임원이었던 정민영 책임리더는 재밌는 이야기를 꺼냈다. 그는 박수만 네이버 CIC 튠 대표와 미투데이를 만들 때부터 함께 일했다. 2007년부터 인연이 시작돼 미투데이를 함께 네이버에 매각한 뒤에도 '비트'라는 모바일 서비스를 함께 만드는 등 꾸준히 인연을 이어갔다. 십수 년을 함께 한 동반자지만, 정민영 책임리더는 박수만 대표의 집에 한 번도 가본 적이 없다고 했다. 그는 "개발이 좋은 건 코드로 이야기할 수 있다는 것"이라며 "회사 동료들과 사적으로 친하게 지내는 건 어렵지만 기술적으로는 동료들과 신뢰를 쌓아가고 있다"고 했다.

회사에서 '마녀'라는 별명으로 불린 적이 있다는 박은새 컬리 디렉터도 이런 생각에 동의했다. 박은새 디렉터는 "조직생활 관점에서 보면 '둥글게 둥글게'가 좋을 수 있지만 크리에이티브 영역에서는 중심을 잡지 않으면 휘둘릴 수밖에 없다"며 "아닌 건 아니고 별로인 건 별로라고 이야기하는 게 오히려 신뢰를 불러일으킨다"고 강조했다.

전승호 대웅제약 대표는 술자리에서 함께 웃고 떠드는 것보다 업무 성과를 높여주는 게 보다 효과 있는 리더십이라고 했다. 함께 일하면 좋은 결과를 얻고 업무 평가도 좋아지는 걸 보여주면 자연스럽게 회사에서 나를 따르는 사람이 많아진다는 말이다.

인간관계에서 스트레스가 생기면 어떻게 해야 할까. 젊은 임원들은 마음속에 스트레스를 쌓아두지 말라고 조언했다. 유기숙 한국씨티은행 전무는 다른 사람이 뒤에서 내 이야기를 하는 걸 들었다면 바로 찾아가서 이야기하는 편이라고 했다. 유 전무는 "누군가가 나에 대해 나쁜 이야기를 하더라도 그게 부수적인 문제라면 해프닝으로 넘긴다. 하지만 본질적인 문제이고, 그런 평가가 불공평하게 느껴진다면 직접 찾아가서 왜 그런 평가를 하는지 물어보려고 한다"고 했다. 유 전무가 이렇게 하는 이유는 다른 사람으로 인해 내가 스트레스 받는 상황을 허락하지 않기 위해서라고 설명했다.

이인섭 상상인저축은행 대표도 인간관계에 선을 긋는 것이 스트레스로부터 나를 지켜준다고 말했다. 그는 "아무리 친하더라도 내가 무엇을 좋아하고 싫어하는지 상대방에게 넘지 말아야 할 선이 있다는 걸 알려줘야 한다"며 "이렇게 선을 그어둬야 인간관계에서 오는 스트레스도 내가 감당할 수 있는 정도까지만 받을 수 있다"고 말했다.

신입사원의 남다른 목표, 현실이 되다
이인섭 상상인저축은행 대표

스타트업은 작은 회사다… 환상을 버려라
최정원 그린랩스 마케팅본부장

일하고 싶은 스타트업을 주식 투자하듯이 고르세요
노대원 슬릭코퍼레이션 이사

외국계기업 최연소 여성 임원은 왜 이금희 스토커가 됐을까
정태희 리박스컨설팅 대표

4부

리스크에 도전하고,
매 순간을 관리하라

신입사원의 남다른 목표,
현실이 되다

이인섭 상상인저축은행 대표

요즘 직장인 사회에선 두 부류가 새로 생겨났다. 먼저 주식, 가상화폐 등 재테크에 집중해 이른 퇴직을 준비하는 '파이어족'이 있다. 은퇴 자금이 모이면 미련 없이 회사를 떠날 이들이다. 또 하나는 '임포자', 즉 임원을 포기한 직장인들이다. 몇 안 되는 임원 자리에 오르는 것은 애초에 불가능하다고 생각했을 수도, 들이는 노력 대비 임원이 되고 난 후 얻는 것이 적다고 판단했을 수도 있다. 이유는 모두 제각각이겠지만, 결국 승진은 목표가 아니라는 것이 이들의 공통점이다.

2021년 봄, 입사할 때부터 "30대에 임원을 달겠다"는 목표를 세웠다는 이를 만났다. 이 패기 넘치는 신입사원은 실제로 그 목표를 달성했다. 이인섭 상상인저축은행 대표가 그 주인공이다. 1976년생으로 한국 나이 27세에 저축은행 업계에 발을 들인 이인섭 대표는 10년 만인 37세에 본부장에 올랐고, 그로부터 불과 5년 뒤인 지난 2019년 대표직에 올랐다. 이 대표는 인터뷰 내내 "제가 너무 대단한 사람으로 포장되는 것 같다"며 머리를 숙였다.

Q 금융권에서 40대 대표는 이인섭 대표가 유일하지 않을까 싶다. 이렇게 빠르게 성장할 수 있었던 비결이 무엇이라고 생각하나.

A "나에게 맞는 옷을 빠르게 찾아 입은 것이 주효했다고 본다. 저축은행에 입사한 이후 6~8개월 단위로 여러 부서를 옮겨 다녔다. 기업여신부터 부동산, 리테일(개인·개인사업자 등을 대상으로 하는 소매금융) 등 대부분의 분야를 경험해봤다. 그 결과 나에겐 리테일이 가장 잘 어울린다고 생각했고, 잘할 수 있다고 생각했다. 연구하고 영업하며 리테일 분야에서 커나갔다.

특정 상품을 히트시키는 등 눈에 보이는 성과를 낸 것은 아니다. 그러나 저축은행 업계에서 '리테일은 이인섭이 잘한다'

라는 평가를 받고 있었다. 당시 상상인플러스저축은행의 리테일 분야가 다소 취약했다. 나이 등 연공서열이 아닌 능력만 보고 저에게 스카우트 제의를 주셨고, 결국 뽑아주셨다."

Q 금융권에게도 이처럼 젊은 임원이 있다는 것은 의미가 남다를 것 같다.

A "금융권이 워낙 보수적이다 보니 젊은 임원이 부족하다. 사실 우리 금융은 혁신적일 필요가 없었다. 다른 산업군에 속한 대기업들은 한발 앞서나가는 자세가 필요했고, 그러다 보니 젊은 임원의 아이디어가 필요했다. 그러나 금융은 예금을 받고

대출을 내주는 데서 대부분의 수익이 나온다. 그 과정에서 보수적 성향이 강해졌다.

그러나 비대면 시대가 도래하면서 인터넷 전문은행이 문을 열었다. 이를 시작으로 금융도 바뀔 것이다. 비대면으로 거래하는 것은 물론 은행과 저축은행, 보험사, 캐피탈 등등 영역의 경계가 허물어지고 있다. 금융에서도 젊은 임원이 나올 때가 됐다. 그런 면에서 나를 임원으로 발탁해준 상상인플러스 저축은행이 혁신에 앞장섰다고 본다."

Q 저축은행 내에는 수많은 부서가 있다. 여러 부서를 옮겨다닌 결과 리테일이 가장 잘 맞다고 결론을 내린 이유가 궁금하다.

A "일부 다른 분야도 비슷하겠지만, 리테일은 협력업체를 대상으로 영업이 필요하다. 사람 만나는 걸 좋아하는 성격이라 영업이 어렵지 않았다. 또 리테일 대출은 다른 대출에 비해 그리 간단하지 않다. 차주(돈을 빌리는 사람)의 나이, 직장부터 시작해 신용도까지 모든 정보를 분석해 상품을 기획해야 하고, 그에 따른 리스크 관리까지 따져 전략적인 판단이 들어가야 한다. 최대 담보 인정 비율 등이 정해져 있는 부동산 대출과는 다르다. 그런 부분에서 리테일의 매력을 느꼈다."

리테일의 높은 난이도에 오히려 매력을 느꼈다는 대목에서 알 수 있듯이, 이인섭 대표는 쉬운 길은 가지 않는 사람이었다. 저축은행을 그의 삶의 터전으로 택한 이유를 물었다. "할 일이 많을 것 같아서"라는 답변이 돌아왔다. 1997년 IMF 금융위기를 계기로 금융권에 구조조정 바람이 거세게 불었고, 이후 2002년 정부는 당시 상호신용금고의 명칭을 상호저축은행으로 변경했다. 경제적 어려움에 지친 서민들에게 금융 문턱을 낮춰주라는 것이 당시 정부의 주문이었다. 이 대표는 "저축은행은 이제 커나가는 단계인 만큼 서민금융을 포함한 다양한 금융을 경험할 수 있을 것이라 생각했다"며 지원 동기를 설명했다. 결국 그는 서민금융의 최정점인 리테일에서 만 9년을 근무했다.

이 부서 저 부서 기웃기웃… '또라이'로 불리던 신입사원

Q 신입사원 이인섭은 어떤 모습이었을지 궁금하다.

A "말 그대로 '또라이'였다. 일은 굉장히 열심히 했다. 입사 1년 만에 '우수사원상'도 받았다. 그런데도 또라이라고 불린 이유는, 일 열심히 하고 자기 부서 분들에게만 잘 보이려는 보통의 다른 신입과는 달랐기 때문이다. 나는 틈만 나면 '술 사주세요, 선배님' '잠깐 쉬러 왔어요'라며 이 부서, 저 부서 돌아다녔다. 처음엔 왜 남의 부서에 와서 쉬냐며 타박도 받았다.

그럴 때마다 나는 '여기가 재미있고 편해요'라며 굴하지 않았다. 대리급은 돼야 하는 행동을 한다고 하더라. 그래도 일은 열심히 하니 혼나지는 않았다. 그렇게 선배들과 업무 끝나면 술 한잔씩 하며 조금씩 친해졌다."

Q 신입 때는 업무에 적응하기도 바빠 퇴근하면 녹초가 되기 십상이다. 왜 굳이 없는 시간을 쪼개 다른 부서 선배들과 친해지려 했을까.

A "나는 신입사원 때부터 빨리 성장하고 싶은 욕심이 있었다. 여러 분야를 빠르게 경험해보는 것도 중요하지만, 그만큼 빠르게 조직에 적응해 동료들과 어울려야 한다고 생각했다. 조직은 많은 사람이 모여 일하는 곳이다. 능력으로 인정받는 것도 당연히 중요하지만, 대인관계의 중요성 역시 강조할 수밖에 없다.

사람을 워낙 좋아하다 보니 선배들과의 저녁이 일로 느껴지지 않았던 것도 한몫했다. 일화 하나를 소개하자면, 첫 직장에 회사가 공식 지원하는 전체 남직원 모임이 있었다. 큰 규모에 비해 임원진은 회장, 총무 두 명에 불과했다. 신입사원 1년 차에 바로 총무를 맡았다. 임원이 두 명밖에 안 되는 데다 회사 전체로 봐도 막내다 보니 잡다한 연락부터 모임 장소 섭외, 공지, 출석 체크까지 모두 도맡아야 했다. 술도 많이 마셨다. 그렇지만 워낙 사람을 좋아하다 보니 기꺼이 총무를 맡았고, 재밌게 활동했다."

Q 중간에 이직을 하셨는데, 이직하면 현 직장에서 쌓아둔 인간관계가 대부분 사라지고 새로 시작해야 하는 것 아닌가.

A "이직을 한다고 해서 기존에 쌓아둔 인간관계를 버리고 가는 것은 아니다. 오히려 (기존 인간관계를) 업그레이드해서 간다고 생각해야 한다. 이직은 본인이 정해둔 목표에 더 빠르게 다가서는 방법이지만, 이직한 곳에서 적응하는 것이 쉽지는 않다. 특히나 직급을 올려 이직하면 더욱 어렵다. 그만큼 기존에 있던 나의 자산을 업그레이드해서 합류해야 한다. 이직한 후에도 성장을 위해 계속 노력하는 것 역시 당연하다. 경력직원들을 보면 본인들이 먼저 직원들에게 다가가는 것을 힘들어하더라. 안타까웠다. 나중에 이직하게 된다면 내가 먼저 다가가야겠다고 생각했다. 직장을 옮긴 뒤 동료를 사귀지 못하고 일만 하는 것은 자기 손해다."

Q 대인관계가 좋으면 조직에 수월하게 적응할 수 있다는 것은 알겠다. 여기서 더 나아가 임원이 되는 데도 직접적 도움이

될까.

A "사람을 다양하게 만나다 보면 업무에 관련된 사람 외에 당장은 나와 큰 관련이 없어 보이는 사람들도 만나게 된다. 그러나 내가 금융권에 있다고 해서 금융권 사람들만 만날 필요는 없다. 금융은 다양한 산업에 대출을 내주고, 함께 협약 관계를 맺기도 한다. 이를 고려하면 다른 산업군의 인맥 역시 업무에 결합될 수밖에 없는 셈이다. 다만 그 인맥에서 얻은 소식들을 온전한 내 지식으로 만들어둬야 1~2년 뒤에 활용할 수 있다. 그러다 보면 실적은 저절로 따라오게 돼 있다."

Q 만남을 좋아하는 사람도 일로 사람을 만나다 보면 그에 따른 스트레스를 받을 수밖에 없다. 특히 은행원들은 다양한 고객을 상대하느라 지치기 마련이다.

A "정형화된 답변일 수 있겠지만, 나는 말 그대로 스트레스를 안 받으려고 노력했다. 방법이 있다. 만나는 사람들과 선을 지키는 것이다. 모두 본인이 정해둔, 남이 침범하지 않았으면 하는 선이 있기 마련이다. 선후배 관계, 갑을 관계 등 다양한 관계가 있을 텐데, 아무리 친해도 내가 무엇을 좋고 싫어하는지에 대한 선을 은근하면서도 확실하게 상대방에게 알려줘야 한다. 나도 상대방의 선을 당연히 지켜줘야 한다. 이렇게

선을 그어두면 인간관계에서 오는 스트레스를 나의 한계치까지만 받을 수 있다. 즉 선의 역할은 내가 소화할 수 있는 스트레스만 받을 수 있도록 도와주는 것이다."

선을 지키려 노력한다는 말은 자칫 '선을 긋는다'는 의미로 읽혀 거리를 두는 것처럼 보일 수 있지만, 실상은 정반대다. 선을 지키다 보면 관계의 질은 더욱 깊어질 수밖에 없다. 상대에게 관심을 쏟고 온전히 이해해야 그의 호불호를 정확히 알 수 있고, 결국 선도 지킬 수 있기 때문이다. 실제로 이인섭 대표는 좋은 인간관계의 비결로 '경청'을 꼽았다. 그는 "서로 자신의 이익만 취하려 하고 내 생각을 상대에게 주입하면 안 된다"며 "나도 말하는 것을 좋아하지만, 보다 잘 들으려 노력한다. 내가 3~4할을 말했다면 상대의 말을 듣는 게 6~7할은 되도록 노력한다"고 했다.

이인섭 대표의 카카오톡 메신저엔 현재 900여 명의 친구가 저장돼 있다고 한다. 얼핏 보면 적어보일 수 있지만, 최근 자주 연락하지 않는 이들을 삭제하는 '필터링'을 했다는 점을 감안하면 적지 않은 숫자다. 넓고도 깊은 그의 인간관계를 짐작케 하는 대목이다.

 요즘 신입사원들을 보면 어떤 생각이 드나.

A "안타깝게도 신입사원들의 사고가 다소 한정돼 있다는 생각이 든다. 예전엔 인터넷으로 정보를 찾을 수 없다 보니 필요한 정보는 뭐든 직접 발로 뛰어 찾아야 했다. 차를 몰고 어디가려 해도 지도를 찾아봐야 했고, 정보를 찾으려면 도서관에 가야 했다. 그 과정에서 문제 해결 능력이 저절로 길러졌다. 요즘은 필요한 정보는 검색 한 번으로 찾을 수 있는데, 만약인터넷에도 없으면 쉽게 포기하고 만다. 결국 뭔가를 이뤄내려는 의지가 점점 약해지는 것 같다. 사회 전반적으로 승진에욕심을 내지 않는 청년들이 많아지는 현상 역시 이와 관련있는 게 아닌가 싶다."

회사 스트레스는 집으로 가져가지 않는다

Q 임원이 되고 난 뒤 하루를 어떻게 보내는지 궁금하다.

A "보통 오전 6시 50분에서 7시 사이에 출근한다. 전 직원 중제일 빠르다. 우리 회사는 직원들에게 아침 식사를 제공하는데, 내가 식단을 직접 봐야 마음이 놓인다. 그렇다고 직원들이 몰리는 시간에 내가 가면 직원들이 불편할 수도 있어서조금 서둘러 출근하는 편이다. 근무 시작 전엔 그날의 일정을체크하고 명상의 시간도 갖는다. 임원이 되기 전엔 업무시간직전에 출근해 정신없이 일을 시작했었다."

Q 자리가 자리인 만큼 저녁 약속이 많을 것 같다. 이른 출근이 나 늦은 퇴근이 힘에 부칠 때는 없었나.

A "저녁약속이 많은 편은 맞다. 힘들지 않다면 거짓말이다. 그 러나 직장 생활을 시작한 이후 저녁약속은 항상 있었다. 영업 하면서 사람 만나는 것을 힘들다고 생각하면 스트레스가 걷 잡을 수 없이 커진다. 어차피 할 일인 만큼 괜찮다는 마인드 콘트롤이 필요하다. 지금은 괜찮다. 정 힘들 땐 집에서 맥주 한잔하며 풀면 되는 거다."

Q 워라밸이 잘 지켜지는 편은 아닌 것 같다. 임원이 되고 난 뒤 부터였나? 아니면 직원일 때도 이렇게 자기 시간이 없는 편 이었나.

A "고백하자면, 임원이 되기 전부터 가정에 소홀한 부분이 없지 않았다. 영업이라는 업무 특성상 저녁에 가족이나 나를 위한 시간을 내기가 쉽지 않다. 물론 가족들도 늦게 들어오는 것을 싫어했다. 그래서 설득했다. 허투루 밥 먹고 술 먹는 것이 아 니라, 누굴 만나고 있으며 이것도 일이고 내 자산이 된다는 점을 이해시키려 노력했다.

가족들이 이해해줬으면 그다음은 내 차례다. 칼퇴해서 함께 시간을 보내며 육아를 도와주지 못할 거라면, 바깥에서 받은 스트레스만큼은 집으로 가져가지 말자고 다짐했다. 가끔 가족들이 회사생활은 어떤지 물어볼 때가 있다. 힘들 때도 많지만 최대한 내색하지 않는다. 집에서는 집안일에만 신경 쓴다. 임원이 되기 전엔 그래도 주말은 무조건 가족들과 보냈는데, 임원이 되고 대표가 되고 나니 주말에도 어쩔 수 없이 일해야 할 때가 있다. 가족들도 이 부분은 이해해준다."

임원이 되면 새로운 세상이 펼쳐진다

한국 나이 37세에 본부장에 올랐다. 금융권에선 보기 드문 70년대생 임원이다. 임원이 되고난 뒤 주변의 반응은 어땠는지 궁금하다.

"임원을 빨리 달면 주변의 시기나 질투를 받을 수 있다고 생각하는데, 실제로 임원이 돼보니 그런 반응은 크게 느끼지 못했다. 오히려 너무 빨리 임원을 달면 그만큼 빨리 내려올 수 있다며 걱정하는 지인들은 있었다. 그런 얘기를 들을 때마다 나는 '새로운 세상을 빨리 보고 싶다'고 얘기한다. 대리·과장에서 임원으로 직급이 올라가면 세상을 보는 눈높이가 달라진다. 만나는 사람도 다르지만 보는 시야도 다를 수밖에 없다."

Q 구체적으로 어떻게 시야가 달라지는지 설명해달라.

A "나 자신은 물론 조직을 위해서라도 더 큰 가치를 생각하게 된다. 직급이 낮을 때는 휴식시간에 담배를 피우거나, 인터넷을 뒤적거리며 시간을 보냈다. 그러나 임원이 된 뒤에는 '이 상품을 어떻게 다시 세팅하면 좋을까' '이런 곳은 영업을 어떻게 해야 할까' '연체율을 줄일 수 있는 방법이 있을까' 등, 보다 생산적인 고민을 하게 됐다. 단순 업무에 대한 고민이 아닌 조직의 체계와 시스템에 대한 고민을 하게 된다."

Q 첫 임원을 단 이후 7년 만에 대표로 승진했다. 임원이 되면 오히려 퇴직 시기가 빨라질 수 있다는 주변 우려와 달리 오히려 한 단계 올라선 셈이다. 비결은 무엇이라고 보나.

A "젊은 나이에 임원이 되다 보니 직원들과 소통이 비교적 수월했다. 회사 내에서는 다소 불편할 수 있어도 술자리에서 만나면 다들 편하게 대해준다. 젊은 임원만이 가질 수 있는 장점이다. 임원이 됐다고 해서 예전처럼 지시만 하면 안 된다. 같이 어울리고, 그들의 고민을 들어줘야 한다. 임원이 고자세로 나가면 직원들은 입을 닫을 수밖에 없다. 현장의 목소리를 들어야 바꿀 건 빨리 바꿀 수 있다. 현재에 안주하지 않았던 것도 여기까지 올 수 있었던 비결이라고 본다. 계속 바꿔야

하는, 발전시켜야 하는 무언가를 찾아다녔다. 그러다 보면 실적은 자연스럽게 따라올 수밖에 없다."

Q 임원은 올라오는 결재 안건만 검토에만도 시간이 부족하지 않나.

A "그렇다. 그래서 임원들은 보통 책상 앞에 앉아 보고만 받는다. 그렇지만 나는 임원이 되고 나서도 밖으로 나갔다. 물론 나 혼자 뛰어다니면 밑에 있는 팀장들이 크기 어렵다. 팀장이나 실무자를 데리고 신용평가사 등을 직접 찾아다녔다. 실무 회의에도 매번 참여했다. 상품 기획에 필요한 통계부터 리스크 관리까지 모든 것을 직원들과 같이 의논하는 식이다. 책상 앞에 앉아 후배들의 보고만 들으면 내 시야는 좁아질 수밖에 없다. 직접 나가서 외부의 소리를 들어야 한다. 그 과정에서 실무를 담당하는 후배들도 같이 커나갈 수 있는 방안을 생각하고 행동한다."

Q 리더의 역할에 대한 고민이 엿보인다. 대표가 되겠다는 생각을 이전부터 해온 것인지.

A "처음 입사했을 때가 27세였는데, 회사 대표까지는 아니지만, 30대에 임원을 달아보자는 목표는 세웠다. 처음 임원이 됐을

때 이전부터 목표를 향해 달려왔던 만큼 크게 놀라지는 않았던 것 같다. 임원이 되고 난 뒤 다음 목표는 당연히 대표였다. 다만 이 목표에는 시한을 정해두진 않았다. 여기까지 왔으니 한 단계 더 올라가보자 하는 마음이었다."

이인섭 대표는 또 다시 새로운 목표를 향해 달리고 있다. 상상인저축은행을 전국 79개 저축은행 중 상위 5위권에 안착시키는 것이다. 자산이 4조원대는 돼야 가능한데, 현재 상상인저축은행의 성장세를 보면 그 꿈이 실현되는 것은 머지않았다. 지난해 1분기 1조6809억원이었던 상상인저축은행 자산은 올해 1분기 2조 3935억원으로 42%가량 증가했다. 상상인저축은행에서 거래하는 소비자는 같은 기간 6만7000명에서 10만3600명으로 56% 늘었다. 저축은행 업황이 최근 호조를 보이고 있지만, 그중에서도 특히 높은 성장세다.

Q 공통 질문으로, "신입사원이 30대에 저축은행 임원이 되고 싶다면 ○○을 해야 한다"는 문장에서 ○○에 들어갈 말을 고른다면?

A "'존중'이다. 다소 포괄적인 개념일 수 있지만, 지금까지 내가 강조한 모든 것들은 존중이 밑바탕이 돼야 가능하다. 일

을 잘하고 못하고를 떠나 상대를 존중해야 서로의 선도 지켜줄 수 있다. 특히 업무에 대한 존중을 강조하고 싶다. 세상에 쓸모 없는 일은 없다는 생각으로 주어진 일을 완벽하게 마스터하는 자세가 필요하다. 일단 맡은 업무를 끝내야 다른 기회가 온다. 또 일은 완벽하게 해낸다 해도 처음부터 불평불만을 가득 늘어놓는 사람들이 있다. 일에 대한 존중이 없는 거다. 이런 사람들보단 묵묵히 제 할 일을 하고, 업무가 끝난 뒤 건설적인 비판을 내놓는 사람들이 결국엔 더 큰 일을 가져가게 돼 있다."

Q 남들이 기피하는 업무를 맡거나 험지로 꼽히는 부서에 가게 되면 일에 대한 존중은 쉽지 않다. 이런 상황에 놓인 직원들에게 해주고 싶은 조언이 있다면.

A "회사마다 인기, 비인기 부서가 나뉘는 것은 당연하다. 그렇지만 인기 부서에 너무 얽매이지 말라고 당부하고 싶다. 왜 나는 인기 부서에 안 보내주는지에 대해 불평하기보다는, 언젠가 이동할 때를 대비해 지금 있는 자리에서 열심히 최선을 다해야 한다. 지금 있는 부서가 맘에 들지 않아도 언젠간 다른 부서로 이동하게 돼 있다. 내가 하기에 따라 그 시기와 부서가 갈릴 수 있다."

직장인 대부분 신입사원 시절 개인 시간까지 투자해가며 일에 대한 열정을 불태웠던 기억을 가지고 있다. 그러나 그 마음을 끝까지 가져가기란 쉽지 않다. 연차가 쌓이고 직급이 올라갈수록 열정은 수그러들고 피로감이 커진다. 그렇게 일은 그저 해치워야만 하는 대상이 된다. 승진보다는 적당히 일하며 정년이 보장되기만을 바라는 마음은 이렇게 자라난다.

이인섭 대표와 대화 끝에 얻은 결론은, 결국 그의 초심이 목표를 이루는 비결이었다는 점이다. 30대에 임원을 달겠다는 신입사원의 패기는 그의 불꽃이 20년 가까이 꺼지지 않고 타오를 수 있도록 불쏘시개가 돼주었다. 그 덕분에 일과 동료에 대한 존중 역시 식지 않고 끓어오를 수 있었던 것 아닐까. 첫출근하던 날을 기억하는가. 그때 목표는 무엇이었나.

스타트업은 작은 회사다…
환상을 버려라

최정원 그린랩스 마케팅본부장

이사를 앞두고 매트리스를 사려고 고민할 때였다. 옷과 매트리스는 꼭 몸에 맞는지 확인해보고 사야 한다는 말에 유명 가구 브랜드의 매장을 찾았다. 하지만 제대로 된 체험은 불가능했다. 옷이야 사이즈 확인하고 탈의실에서 한 번 입어보면 그만이지만, 매트리스는 잠깐 누워본다고 해서 내 몸에 맞는지 알 수가 없었다. 숙면을 취하는 데 도움이 되는 매트리스인지 아닌지는 정말 자보지 않고서는 알 수가 없는 노릇이었다. 형광등이 쨍쨍하게 빛나는 가구 매장에서 잠을 잔다는 건 불가능한 일이었다.

침대 폼 매트리스를 판매하는 스타트업 '삼분의일'을 알게 된 건 그로부터 한참 뒤의 일이다. 이미 이사도 했고 매트리스도 샀지만, 삼분의일 제품 체험관에 일부러 들렀다. 판매하는 매트리스에서 마음껏 잠을 잘 수 있게 꾸며놨다는 이야기를 들었기 때문이다. "정말 그런 일이 가능하다고?" 머릿속에 물음표를 가진 채로 강남에 있던 삼분의일 체험관을 찾았다. 그리고 정말로 삼분의일 체험관의 매트리스 위에서 몇 시간을 푹 잤다.

지금은 대형 가구 브랜드에서도 삼분의일 같은 매트리스 체험 서비스를 많이 제공한다. 스타트업에 불과했던 삼분의일이 소비자의 요구를 정확하게 캐치해서 시장의 변화를 이끌어낸 셈이다.

매트리스 체험관이라는 아이디어는 어떻게 나왔을까. 그 주인공이 바로 최정원 그린랩스 마케팅본부장이다. 지금은 농업 분야 스타트업인 '그린랩스'의 마케팅본부장으로 자리를 옮긴 최 본부장은 삼분의일 공동 창업자이자 최고마케팅책임자(CMO)로 삼분의일 홍보와 마케팅, 브랜딩, 콘텐츠 제작 등을 총괄했다.

2020년 이직한 그린랩스도 국내 농업 분야 스타트업 중 최초로 유니콘(기업가치 1조원 이상의 비상장기업)을 눈앞에 두고 있다. 삼분의일, 그리고 그린랩스까지 최 본부장이 마케팅을 맡은 스타트업은 늘 시장에서 변화를 만들어내고 업계의 주목을 받는다. 30대 중반의 젊은 나이에 어떻게 이런 성과가 가능했을까. 서울 송

파의 그린랩스 사무실에서 최 본부장을 만났다.

좋아하는 일이 아니라 잘할 수 있는 일을 해라

Q 스타트업 업계에서 잔뼈가 굵다. 취향 기반 소셜미디어인 빙글에서 마케팅 담당으로 일한 뒤 삼분의일을 거쳐 그린랩스까지 왔다. 스타트업에 원래부터 관심이 많았나.

A "처음 사회생활을 시작한 건 홍보대행사였다. 대학교 1학년 때 군대를 다녀온 뒤에 휴학하고 홍보대행사에 입사했다. 보통 대행사에선 맡은 일이 있기 마련인데 나는 모르는 게 많으니까 뭐든지 닥치는 대로 많이 했다. 영업도 하고 발로 뛰기도 하고. 그때 여러 가지 자기계발을 많이 했다. 처음에는 인턴 같은 신분이었는데 계속 일해볼 생각이 없냐는 제안을 받고 아예 대학도 그만두고 일하게 됐다. 4, 5년 정도 홍보대행사에서 일했다."

Q 대학생활을 1년밖에 못한 셈이다. 대학을 그만두면서까지 일을 해야겠다고 결심한 이유가 있나.

A "부모님께 말도 하지 않고 나 혼자 결정했다. 홍보대행사에서 일을 하다 스타트업인 빙글에 입사했는데, 마케팅을 좋아하지는 않지만 나 스스로 잘할 수 있는 일이라고 판단했다. 지금

은 좀 무모했다는 생각도 하지만, 학교를 그만둬도 괜찮다는 생각을 할 정도로 마케팅 일을 잘할 수 있다고 생각했다."

Q 마케팅 전문가인데 마케팅을 좋아하지 않는다고 하니 의외다. 좋아하는 일보다는 잘할 수 있는 일을 해야 한다는 말인가.

A "그렇다. 좋아하는 일과 잘하는 일이 일치하지 않으면 잘하는 일을 선택해야 한다. 좋아하는 일을 택했는데 내가 잘하지 못하면 스트레스가 클 수밖에 없다. 회사에서 일을 하는 것인만큼 성과를 내야 하는데, 좋아한다고 성과가 나는 건 아니다. 오래 할 일을 찾는다면 다른 사람에게 욕먹지 않고 기여할 수 있는 일을 택하는 게 맞다."

Q 내가 좋아하지도 않는데 잘할 수 있는 일이라는 걸 어떻게 알 수 있나.

A "회사에서 바라는 성과를 달성하는지를 보면 된다. 홍보대행사 때 회사 안에서 내 성과가 가장 좋았다. 입사하고 반년 정도가 지난 뒤부터는 영업 성과나 제안서 채택률이 모두 회사에서 1등이었다. 잘할 수 있는 일을 해야 몰입할 수 있다. 좋아하는 일을 하다 보면 오히려 생각이 많아진다. 잘할 수 있는 일을 하면 업무시간에 집중할 수 있고, 그만큼 지치지 않

고 오래 일할 수 있다."

Q 처음부터 일을 잘한 건가.

A "그렇지는 않았다. 홍보대행사 입사하고 처음 만든 제안서를 아직도 간직하고 있다. 너무 볼품없어서다. 나 스스로 부족하다고 느낄 때마다 꺼내서 본다. 그때는 PPT도 제대로 다루지 못하던 때였다. 당연히 떨어졌다. 그 이후에 월급의 절반을 자기계발에 썼다. 사소하게는 PPT나 엑셀을 다루는 수업을 받았고, 마케팅 실무교육도 따로 받았다."

최정원 본부장은 마케터다. 그는 자신이 마케팅하는 분야나 제품을 좋아한다고 말하지 않는다. 빙글에서는 소셜미디어를, 삼분의일에서는 매트리스를, 그린랩스에서는 농업 시스템을 마케팅한다. 자신이 맡은 제품이나 서비스를 좋아하는 게 아니라 마케팅을 잘하기 때문에 마케터가 됐고, 마케터로서 성과를 내고 있는 것이다. 그는 이 차이가 아주 중요하다고 인터뷰 내내 거듭 강조했다.

Q 마케팅한 제품이나 서비스가 계속 달라졌다. 이런 커리어도 좋아하는 아이템이 아니라 잘할 수 있는 마케팅에 집중한 결과인가.

Ⓐ "맞다. 마케팅이라는 건 제품이나 서비스가 무엇이든 고객에게 적절한 매체를 통해 제품과 서비스의 가치를 전달하는 일이다. 시장과 고객을 이해할 수 있다면 어떤 분야든 상관없다. 분야를 두려워할 필요가 없다. 소개팅하고 고백하는 것과 비슷하다. 고백할 때 만나서 이야기할지, 문자로 할지, 전화로 할지 선택을 해야 한다. 그때그때 상황에 따라 그리고 상대방에 따라 효과적인 방법은 다르다. 마케팅은 좋아하는 사람에게 고백하는 방법을 정하는 것과 다르지 않다. 이 사실을 이해하면 제품이나 서비스가 달라지는 걸 두려워할 필요가 없다는 것이다."

실패에서 교훈을 얻으려면 변칙은 안 된다

Ⓠ 홍보대행사를 거쳐 빙글에서 마케팅 담당자로 일하다 갑자기 창업을 선택했다. 월급쟁이 생활을 하다 갑자기 사장이 된 셈인데, 쉬운 결정이 아니었을 것 같다.

Ⓐ "창업에는 원래부터 관심이 많았다. 이런저런 의사결정을 내가 직접 하고 싶은 욕심도 있었다. 그런 생각을 꾸준히 하다가 마침 매트리스라는 아이템을 만난 것이다. 삼분의일 전주훈 대표와는 원래부터 알던 사이였는데, 마침 내가 빙글을 나와서 대학원을 준비하던 도중에 의기투합하게 됐다. 꽤 오랜

시간 동안 사업 구상을 하다가 본격적으로 준비에 나섰고, 실제 법인 설립까지는 또 1년이 걸렸다. 삼분의일을 창업한 건 사회에 나선 지 딱 8년째가 되던 해였다."

Q 왜 매트리스였나. 생각하기 쉬운 창업 아이템은 아닌데.
A "세 가지 정도 이유가 있었다. 우선 수면에 대한 관심이다. 수면 관련한 희귀 난치성 질환이 있다 보니 수면에 대해 관심이 많았다. 둘째는 시장이 크다는 점이었다. 마지막은 빈틈이 보였다. 삼분의일이 생기기 전만 해도 온라인으로 매트리스를 파는 곳이 없었다. 시장은 엄청 큰데 빈틈이 많아 보였고, 조금만 시장점유율을 높여도 몇백억원짜리 회사를 만들 수 있겠다 싶었다. 매트리스라는 게 사는 사람이 뻔하지 않나. 신혼부부나 이사할 때 자녀용 매트리스처럼 시기나 용도가 정해져 있다. 조사할 층도 명확했고, 해야 할 일도 명확했다. 가설도 쉽게 세울 수 있었고, 변수도 적었다."

Q 스타트업이라고 하면 기민하고 게릴라처럼 움직이는 모습을 흔히 떠올린다. 그런데 이야기하는 걸 들어보면 항상 철저한 시장조사와 분석 결과를 바탕으로 결정을 내린다.
A "스타트업이 게릴라가 되는 건 너무 빠르게 성장하기 때문이

다. 1일 차 때 전략과 일하는 방식을 10일 차 때도 똑같이 유지하면 안 된다. 계속 성장하려면 속도에 맞춰 조직도 개편해야 하고 일하는 방식도 바꿔야 한다. 그러다 보니 늘 체계가 없다는 말이 나온다. 하지만 스타트업도 하나의 회사라는 걸 잊지 말아야 한다. 환상을 버리라는 이야기다. 스타트업이 좋은 회사로 자리 잡기 위해서는 체계가 있어야 한다. 처음에는 빠른 성장을 위해 어쩔 수 없이 게릴라처럼 움직이지만 나중에는 달라져야 한다. 나는 개인적으로 스타트업이라는 말을 잘 안 쓰려고 한다. 우리는 빠르게 성장 중인 작은 회사일 뿐이라고 말한다.

교과서에 나오는 공식에 맞춰서 업무 프로세스를 짜면 실패했을 때 어떤 부분이 문제였는지 쉽게 찾아낼 수 있다. 당연히 대안도 쉽게 찾을 수 있다. 함께 일하는 동료들에게도 어떤 문제가 있었는지 설득하는 게 쉬워진다."

Q 삼분의일 창업을 결심하기까지 시장조사에는 얼마나 시간이 걸렸나.

A "그동안 내가 했던 결과를 믿고 할 수 있다는 확신을 가져야 했다. 스스로 된다는 확신을 가지기까지 몇 달의 시간이 걸렸다. 시장조사를 해보면서 확신을 가지게 됐다. 나에 대한 믿

음과 시장조사를 바탕으로 성공할 것이라는 확신이 생긴 것이다.

제품을 준비하는 데는 1년 정도 시간이 걸렸다. 출시를 두 달 앞두고부터 본격적으로 열심히 일을 했다. 완제품이 나오고도 서너 달은 출시하지 않고 준비 기간을 뒀다. 여러 문제에 대비하는 시간이었다.

삼분의일은 성장곡선이 'J' 커브를 그렸다. 처음부터 반응이 온 게 아니었다. 시장에서 살아남기 위해 준비 기간을 오래 두고 일했는데, 지금은 이게 마케터로서 살아남기 위한 원칙처럼 굳어졌다. 시장의 고객들을 대상으로 일을 하는데 시장과 고객을 잘 모르면 좋은 결과를 얻을 수 없는 게 당연하다. 좋은 결과를 얻더라도 왜 좋은 결과가 나왔는지, 왜 실패했는지 파악하기 위해서는 시장조사가 반드시 필요하다."

Q '성공하면 내 덕분, 실패하면 남 때문'이라는 말도 있다. 실패의 이유를 정확하게 파악하려면 어떻게 해야 하나.

A "최대한 교과서대로 일하려고 한다. 경영학 전공도서나 마케팅 서적을 보면 딱딱하거나 올드해 보인다. 하지만 교과서에 나오는 공식에 맞춰서 업무 프로세스를 짜면 실패했을 때 어떤 부분이 문제였는지 쉽게 찾아낼 수 있다. 당연히 대안

도 쉽게 찾을 수 있다. 함께 일하는 동료들에게도 어떤 문제
가 있었는지 설득하는 게 쉬워진다. 그렇게 하지 않으면 문
제를 찾는 것도 어렵고, 문제를 찾더라도 조직 안에서 커뮤
니케이션하는 데 비용이 너무 많이 든다. 그래서 항상 교과
서에 나오는 공식을 실무에 어떻게 접목할 수 있을지 고민
하고 있다."

최정원 본부장을 그린랩스 대표에게 추천한 사람은 최 본부장
과 빙글에서부터 함께 일했던 옛 동료였다. 그는 그린랩스 신상훈
대표에게 최 본부장을 '시스템 신봉자'라고 소개했다고 한다. 스
타트업보다 삼성전자 같은 대기업에나 어울릴 법한 별명이지만
최 본부장은 썩 만족스러운 듯 보였다.

🅠 대학 때 경영학이나 마케팅을 배운 적이 없다. 일을 하면서
독학한 건가.

🅐 "맞다. 피터 드러커나 필립 코틀러 같은 경영 구루들의 책이
나 경영학 교과서를 읽으면서 공부하고 있다. 몇 권의 책을
읽고 또 읽고 하는 편이다. 《어린 왕자》만 해도 어릴 때와 나
이 들고 나서 읽을 때 다른 감상을 할 수 있지 않나. 마케팅
서적도 마찬가지다. 현장의 실무 경험이 쌓이니까 책 속의 말

이 다르게 느껴지는 경우가 많다. 결국 마케팅은 기본 원리에 맞춰 확장을 해나가면 된다고 생각한다. 시장이나 고객에 따라서 조금씩 변화를 주면 된다. 그걸 가르쳐준 게 피터 드러커나 필립 코틀러 같은 구루들이다."

Q 언젠가 마케팅 교과서에 '최정원 케이스'가 실릴 수도 있지 않을까. 마케팅의 성공 사례로 말이다.

A "그렇게 되는 게 커리어 측면에서 나의 목표 중 하나다. 마케팅이나 경영학 교과서에서 다루는 케이스 스터디에 내가 한 프로젝트가 사례로 소개되는 것이다. 이 목표 때문에라도 더욱 기본을 중요하게 여겨야 한다. 케이스 스터디에 소개되려면 기발한 것보다는 기본에 충실하면서 변화를 이끌어내야 한다고 생각한다."

인정받고 싶다면 내가 아니라 조직을 앞에 둬라

Q 하루 일과는 어떻게 되나.

A "근무시간은 차고 넘치는 것 같다. 설 연휴에도 계속 회사에 있었고 주말과 공휴일이 붙은 3일 연휴에도 이틀은 나왔고…… 남들이 맨날 일만 하냐고 할 정도다. 출근은 보통 오전 9시쯤 해서 퇴근은 밤 9시쯤 한다. 원래는 밤 11시까지 일

했지만 최근 들어 체력 관리를 위해 퇴근시간을 9시로 바꿨다. 앞으로도 계속 유지할 생각이다. 일요일은 항상 일하기 때문에 토요일은 가급적 쉬려고 한다. 쉬더라도 노트북은 늘 곁에 둔다. 임원이다 보니 내가 일을 놓치면 다른 사람들이 나 때문에 일을 못하는 경우가 생길 수 있다. 그런 일을 막으려고 언제 어디서나 일할 수 있는 준비를 해놓기는 한다."

Q 임원이어서 일을 많이 하는 건가, 아니면 원래부터 일을 많이 하는 편이었나.

A "성과를 내기 위해 필요한 최소한의 물리적인 시간이 있다고 생각한다. 물론 똑똑하게 일한다면 그 시간을 단축할 수는 있다. 야근을 한다고 일이 다 잘 되는 건 아니니까. 다만 야근을 할 정도로 일에 집중한다면 결국 성과를 낼 수 있다고 본다. 더 중요한 건 회사나 조직이 부여한 목표대로 움직이느냐다. 아무리 시간을 투자하더라도 조직의 목표를 따라가지 않으면 실제 성과는 제로에 가깝게 된다.

많은 마케터가 헷갈리는 게 시장이나 고객을 이해한다고 전부가 아니다. 시장만큼이나 회사 안에서 일어나는 커뮤니케이션을 잘 알아야 한다. 다른 부서는 어떤 일을 하고, 회사에서는 어떤 목표를 정했는지 이해하고 그걸 우선시해야 한다.

조직이라는 건 한 명 한 명의 성과가 모여서 혼자서는 할 수 없는 일을 이루는 곳이다. 목표를 달성할 수 있다면 내 업무 시간이 길든 짧든 상관은 없다는 말이다."

Q 인터뷰 때마다 물어보는 공통 질문에도 같은 답을 했다. "신입사원이 30대에 임원이 되고 싶다면 ○○을 해야 한다"는 문장의 빈칸을 채워달라고 했는데, "조직목표를 우선해야 한다"는 답을 줬다. 조금 더 자세하게 설명해달라.

A "스타트업 임원이 되려면 이직을 해야 하냐는 질문을 하는데, 이 말을 회사의 임원이 되려면 이직을 해야 하냐는 질문으로 바꿔보자. 스타트업도 하나의 회사인 만큼 임원이 되는 데는 이직보다는 성과와 경험이 중요하다. 여행지를 정할 때 한 번이라도 가본 적 있는 사람의 말에 더 귀를 기울이게 되듯, 한 번이라도 성과를 내본 적이 있는 사람에게 회사도 일을 맡기게 되는 것이다. 회사에서 나에게 일을 믿고 맡기게 하려면 조직 목표에 최선을 다해야 한다. 이런 자세는 신입일 때 더욱 중요하다. 조직이 부여한 목표를 한 번 달성하면 더 중요한 일을 맡게 된다. 이 연결이 끊어지면 임원이나 위로 올라갈 기회의 문 자체가 닫힐 가능성이 크다."

Q 내 개인의 목표나 삶의 가치관이 조직의 목표와 충돌하면 어떻게 해야 하나.

A "조직 목표를 우선하고 개인 목표는 양보해야 한다. 회사는 혼자 일하는 곳이 아니다. 한 사람 한 사람의 시간을 모아서 혼자서 할 수 없는 위대한 일을 함께하기 위해 계약을 맺고 모인 것이다. 그걸 지켜야만 조직도 인재를 대우해줄 수 있다. 조직 목표에 맞게 개인의 역량을 적절히 찾아가야 한다. 그게 맞지 않는다면 스스로 다른 회사를 찾는 게 낫다고 본다. 지금의 내 모습도 조직 목표를 우선했기에 가능했다고 본다. 성과를 내면 회사에서 지원해주고, 그러다 보면 내 개인의 역량을 발전시킬 수 있고. 이런 선순환을 만들어야 한다."

Q 나는 열심히 일하는데 회사에서는 내 성과를 몰라준다는 불만을 자주 접하게 된다. 이런 상황에 처한 이들에게 조언을 해준다면.

A "본인이 열심히 일했다는 게 시간만 많이 투자한 것인지, 실제 성과를 낸 것인지 따져볼 필요가 있다. 시간만 투자했다면 좋게 볼 게 아니다. 오히려 비효율적으로 일하고 있다는 반증이다. 위에서는 똑똑하게 보지 않을 수 있다. 반면 회사가 원하는 성과를 내고 있는데도 그런 불만이 생긴다면 적극적으

로 어필하거나 회사를 떠나야 한다. 그런 성과가 실제로 있었다면 다른 회사로 옮길 때 충분한 포트폴리오가 될 것이다. 결국 그런 불만이 있다면 자기 자신을 점검해볼 필요가 있다. 시간만 쓴 건지, 성과를 냈는지 따져봐야 한다."

사람 때문에, 인간관계에서 생기는 스트레스는 성공가도를 달리는 스타트업 임원이라고 해서 예외일 수는 없다. 최 본부장은 그런 스트레스를 어떻게 해소하고 있을까. 그에게 방법을 물었더니 '패턴을 만들라'는 답이 돌아왔다. 무슨 뜻일까.

"매일 많은 사람과 전화를 주고받지만 소중한 사람은 많지 않다. 가족과 오랜 친구 정도다. 그럼에도 매일 많은 사람을 만나고 연락해야 한다. 스트레스를 관리하기 위해서는 사람과의 만남을 패턴화하고 단련할 필요가 있다. 회사에서의 내 역할에 맞춰서 사람을 만나고 대해야지 그 이상 나아가면 오히려 피곤해지고 관계가 힘들어진다. 이 부분을 스스로 선을 긋고 지키지 않으면 일하는 것이 오히려 힘들어진다."

최정원 본부장과 대화를 하면서 스타트업에 대해 가지고 있던 편견과 선입견이 여럿 깨졌다. 스타트업에서 일하는 사람들은 외향적이고, 논리보다는 무대포 정신이 강할 것이라는 생각들이다. 하지만 최 본부장은 쉴 수 있는 날이면 혼자 집에서 시간을 보낸다고 했다. 사람에게서 받는 스트레스를 풀기 위해 혼자만의 시간을 가지는 것이다. 철저한 시장조사를 바탕으로 다음 수를 두는 최 본부장에게 '무대포' 정신은 게으른 자들의 치기 어린 변명일 뿐이었다.

'스타트업 전성시대'나 '제2벤처붐'이라는 말이 나올 정도로 스타트업이 큰 호황을 맞고 있다. 삼성전자를 다니다가 카카오로 옮기거나, 신세계에서 컬리나 우아한형제들로 이직하는 젊은 직장인들도 많다. 하지만 스타트업에 새로 둥지를 튼 사람들이 모두 만족하는 건 아니다. 스타트업의 기업 문화가 대기업보다 꼰대스럽다며 회사를 박차고 나오는 경우도 있고, 주먹구구로 이뤄지는 업무 스타일을 견디지 못하는 사람도 있다. 왜 이런 문제가 생기는 걸까.

이 질문에 대한 해답을 최정원 본부장의 말 속에서 찾을 수 있지 않을까. 최 본부장의 말대로 스타트업에 대한 환상을 깨야 한다. 스타트업은 작은 회사일 뿐이다. 회사는 회사의 원리대로 돌아간다. 스타트업에서 임원이 되고 성공하는 유별난 방정식이 있는 게 아니다. 회사에서 임원이 되고 성공하기 위한 모든 것들이 스타트업에서도 똑같이 필요하다. 그런 것들을 때때로 시행착오를 겪어가면서도 무사히 해낸다면 최정원 본부장처럼 언젠가 임원의 자리에 오를 수 있지 않을까.

일하고 싶은 스타트업을
주식 투자하듯이 고르세요

노대원 슬릭코퍼레이션 이사

2020년 하반기 스타트업 종사자들의 마음을 달군 드라마가 하나 있다. 수지와 남주혁, 김선호가 출연해 화제를 모은 '스타트-업'이다. 드라마가 시작되기 전부터 스타트업 종사자들 사이에서는 '우리 이야기를 다룬 드라마가 나온다'며 기대에 부푼 사람들이 많았다. 드라마 시간에 맞춰 본방을 사수하겠다고 말하는 이도 있었다. 하지만 막상 드라마가 시작되자 기대만큼이나 실망의 목소리도 컸다. 수지 같은 CEO, 남주혁 같은 개발자, 김선호 같은 투자자가 어디 있냐는 실망은 아니었다. 드라마 속 스타트업의 모습이 현실과 달라도 너무 다르다는 불만이 쏟아졌다. 힘든 집안 환경 속에서도 스타트업 대표가 된다는 서달미(수지 분)가 명품백을 들고 다니는 것만큼이나 드라마 속 스타트업의 모습은 현실과 달랐다.

'네카라쿠배'라는 말이 나올 정도로 스타트업은 많은 취업준비생과 직장인들에게 꿈의 직장처럼 여겨지고 있다. 여전히 많은 취업준비생이 대기업과 공기업을 일등직장으로 손에 꼽지만, 그에 못지않게 스타트업 취업을 꿈꾸는 이들도 적지 않다. 특히 스타트업은 빠른 성장 속도만큼이나 개인에게 돌아오는 성과와 보상의 규모도 빠르게 늘어난다는 점에서 매력적인 직장으로 꼽힌다.

하지만 현실의 스타트업은 드라마 '스타트-업'의 기업인 '삼산텍'도 아니고, 모두가 처음부터 네카라쿠배에서 일할 기회를 잡는 것도 아니다. 현실 속 스타트업에서 일한다는 건 어떤 의미일까. 그리고 어떤 하루를 살아갈까. 스타트업에서만 자신의 커리어를 이어가고 있는 슬릭의 노대원 이사를 만나 스타트업 임원의 삶, 그리고 꿈에 대해 들어봤다.

 1992년생으로 이제 딱 서른 살이다. 서른 살에 임원이 될 거라고 생각해본 적이 있나.

"스타트업에서 처음 인턴을 한 게 스물세 살 때 일이다. 인턴

에서 임원의 자리까지 7년이 걸렸다. 사실 스타트업을 창업하는 대표들까지 포함하면 나보다 어린 경우도 많으니 엄청 빠르다고 할 수는 없다. 그래도 중간관리자치고는 스타트업 업계에서도 어린 편인 건 맞다. 워낙 커리어를 빠르게 시작한 이유도 있고, 스타트업은 특성상 7, 8년 차 정도가 되면 임원이나 중간관리자를 맡는 경우도 있긴 하다."

Q 나이는 서른 살인데 일을 시작한 지는 7, 8년이 됐다. 졸업을 하기 전부터 스타트업에 뛰어든 건가.

A "군대에서 전역하자마자 엔비티라는 회사에서 인턴을 했다.

잠금화면 포인트 플랫폼인 '캐시슬라이드'를 서비스하는 회사였다. 그전까지만 해도 스타트업에서 일해야겠다는 생각을 크게 해보지는 않았다. 그런데 스타트업에서 한 번 일해보니 몰입해서 일하는 경험이 너무 좋았다. 운이 좋았던 게 엔비티라는 회사가 잘되고 있는 상태였고, 좋은 사람도 많이 있었다."

100+100은 몰라도 100원+100원은 알았던 아이

Q 군대를 전역한 대학생이 할 수 있는 일이 많지는 않았을 텐데. 어떤 일을 배웠나.

A "그때가 2014년 초였다. 한창 캐시슬라이드가 급성장하던 시기였다. 마케팅 포함해서 다양한 업무를 맡았는데 주로 소비자 조사를 했다. 어떤 사람에게 어떤 콘텐츠를 보내야 할지 고민하던 시기였다. 이 프로젝트를 도와주는 역할을 맡았고, 3개월 정도 일했던 기억이다."

Q 그때부터 스타트업에 관심을 가지게 된 건가.

A "어렸을 때 꿈이 사업가였다. 어머니 말씀으로는 처음 덧셈을 배울 때도 100+100이 200인지는 잘 몰랐는데 100원+100원이 200원인 건 바로 이해했다고 한다. 중학교 때 신발장사를 해본 경험도 있었다. 도매시장에서 신발을 저렴하게 산 뒤에

블로그를 통해 판매했다. 그때 돈이 만들어지는 과정을 지켜보면서 이게 추상적이거나 어려운 일이 아니라는 걸 깨달았다. 이후 그 기억을 잊고 지내다 스타트업에서 일하면서 다시 떠올리게 됐다. 집에서도 하고 싶은 걸 하라고 밀어주는 편이었다. 형이 공부를 잘해서 좋은 학교 가서 잘살고 있으니 나는 부담 없이 하고 싶은 걸 해야겠다고 생각한 것 같다."

Q 대학교 전공이 경영학이다. 경영학과를 택한 것도 스타트업과 관련이 있나. 경영학을 배우면서 익힌 것들이 스타트업에서 일하는 데 도움이 됐는지도 궁금하다.

A "사실 실무와 관련된 건 일하면서 배운 게 더 많다. 그래도 경영학과에서 서비스 경험을 디자인하는 수업을 들은 건 도움이 많이 됐다. 김진우 교수(연세대 경영학)님이 UI/UX에 대한 수업을 했는데 소비자에게 가치 있는 경험을 어떻게 만들어야 할지 많이 배웠다. 그 수업에서 창업하는 친구들을 만나기도 했다. 당시만 해도 아직 창업에 대한 꿈만 있고 도전은 하지 않았던 시기였다. 조 모임을 같이 한 친구들과 함께 공감이 가는 문제를 풀어보자고 하고 실제로 도전하기도 했다. 그 이후에는 학업과는 담을 쌓고 계속해서 창업과 스타트업에서만 커리어를 쌓았다. 5학기까지는 대학 수업을 제대로

들었는데 그 뒤로는 일과 공부를 병행하면서 학교 생활을 한 기억이 난다. 내가 10학번인데 2020년에 대학을 졸업했다. 10년 동안 학교를 다닌 셈인데, 일반 휴학, 군 휴학 같이 쓸 수 있는 휴학은 다 썼다. 학점도 좋지는 않았다."

지금은 스타트업에서 잔뼈가 굵은 노대원 이사지만, 학교를 다니면서 조 모임 친구들과 함께 도전한 스타트업은 실패의 연속이었다. 처음 노대원 이사가 도전한 아이템은 '조 모임' 버전의 링크드인 같은 서비스였다. 대학교 조 모임에는 늘 이름만 올리고 실제로 참여는 하지 않는 프리라이더가 많기 마련이다. 노대원 이사는 조 모임에 참여하는 학생들이 링크드인처럼 다른 조 모임 멤버의 평판을 남길 수 있다면 조 모임 프리라이더가 줄어들지 않을까 하는 생각에 관련된 사업을 준비했다. 이런 평판을 나중에 채용시장까지 연결할 수 있다면 많은 사람이 관심을 가지지 않을까 하는 아이디어였다. 하지만 함께 아이템을 구상한 조 모임 멤버들 누구도 창업이나 스타트업에서 일해본 경험이 없었다. 결국 이 아이템은 몇 달 동안 모두의 머릿속에서만 존재하다 사라지고 말았다. 노대원 이사 역시 그때의 일을 떠올리며 "나의 경험이나 체험을 가지고 창업 아이템을 골랐는데 결과적으로 잘못된 선택이었다"며 "나이브한 생각이었다"고 인정했다.

Q 다음 선택한 아이템으로 실제 서비스를 출시하기도 했다.

A "일종의 스타벅스 사이렌오더 같은 서비스였다. 그때도 나의 개인적인 경험에서 출발했다. 대학생 입장에서 수업시간이 정해져 있는데 중간에 휴식시간에 커피를 사려면 바쁘게 움직여야 했다. 그래서 미리 커피를 주문하고 바로 테이크아웃할 수 있는 서비스를 구상했다. 이 서비스는 실제로 프로토타입을 만들어서 서비스를 출시하기도 했다. 제품을 출시하려고 직장인들이 많이 다니는 을지로의 한 테이크아웃 커피전문점에서 3개월 동안 아르바이트를 한 적도 있다. 프로토타입이 나온 뒤에는 실제로 이 커피전문점에서 서비스를 홍보하고 이용할 수 있도록 하기도 했다. 그런데 문제는 쓰는 사람이 없다는 점이었다. 처음에는 앱을 만들었다가 설치하는 사람이 많지 않아서 앱 없이 카카오페이를 이용해 챗봇으로 바로 주문할 수 있도록 했다. 당시만 해도 굉장히 진보적인 선택이었는데, 2주 동안 시범서비스를 해봤더니 대부분이 서비스에 관심이 없거나 몰랐다."

Q 사람들이 왜 서비스를 외면하는지도 들었나.

A "내가 생각한 페인 포인트와 실제 소비자의 페인 포인트가 달랐다. 대학생 입장에서는 커피를 주문하고 기다리는 시간

이 페인 포인트였는데, 직장인들에게는 그렇지가 않았다. 왜 서비스를 이용하지 않느냐고 물었더니 직장인들은 커피를 기다리면서 동료들이랑 잠깐 수다를 떠는 시간이 나쁘지 않다고 대답하더라. 그 사람들에게는 대기시간을 줄여주는 게 사실은 아무런 가치가 없었던 것이다. 돌이켜보면 대학생 때는 '사업이 되겠다' 싶어서 창업을 하는 것이 성공 확률이 높지 않은 것 같다. 대학교 친구들 중 스타트업에 뛰어든 경우를 봐도, '재미있겠다' 생각해 시작한 친구들은 지금도 꾸준히 사업을 하는 경우가 많은데, 비즈니스 모델에 집중해 창업한 친구들은 실패한 경우가 많다."

Q 지금은 마케터로 활동하며 스타트업 임원의 자리에까지 올랐다. 대학생 때 창업에 도전했을 때와 지금을 비교했을 때 마케팅에 대한 접근법이 달라진 부분이 있나.

A "젤라또랩이나 블랭크코퍼레이션에서 마케팅 업무를 하면서 배운 건 고객 입장에서 바라봐야 한다는 점이다. 마케터가 어떻게 보면 답답할 수 있는 게 직접 제품을 개발하는 사람이 아니다. 제품의 기능이나 구체적인 특징들, 색상, 디자인 같은 것들을 마케터가 정하는 게 아니다. 대신 마케터는 제품의 여러 기능이나 특징을 하나로 묶어서 소비자가 어떻게 활

용할 수 있는지를 고객의 입장에서 고객의 언어로 풀어줄 수 있다. 식기 브랜드를 예로 들어보자. 불에 눌어붙지 않는다는 특징이 있다면 단순히 불에 잘 눌어붙지 않는다고 마케팅하는 게 아니라 고객 입장에서 탄 음식을 먹지 않아도 된다거나 식기가 타지 않으니 건강에 좋다거나 하는 식으로 바꿔서 이야기를 해줘야 한다."

Q 고객 입장에서 고객의 언어로 이야기하는 게 하루아침에 되는 건 아닐 텐데.

A "끊임없이 관찰하는 게 중요하다. 고객 입장에서 고민해보고 내가 고객이라면 이런 부분에서 감정이 변화할지 생각해봐야 한다. 제품을 보여주는 첫 페이지부터 상세페이지에 이르기까지 계속해서 확인해봐야 한다. 또 마케터로서 중요한 건 그런 걸 잘하는 회사, 잘하는 브랜드를 꾸준하게 찾아보고 확인해보는 것이다. 디지털 지면이 무궁무진해보이지만 은근히 한정적이다. 직접 보여줄 수 없는 맛이나 향 같은 것들을 어떻게 전달하는지 최대한 많은 레퍼런스를 찾아보고 공부하는 게 효과적이다."

Q 마케팅은 굉장히 창의적인 활동일 것이라는 막연한 생각이

있었다. 하지만 이야기하는 걸 들어보면 오히려 레퍼런스를 찾아보고 공부하는 게 더 주된 활동인 것 같다.

 "창의적인 영감을 얻기 위해 영화도 보고 하면 좋겠지만, 사실 요즘같이 디지털 광고가 많은 시기에는 깊이 있는(depth) 콘텐츠보다 짧은(short form) 콘텐츠가 광고로서 가치가 더 크다고 본다. 개인적으로 콘텐츠를 위한 콘텐츠는 많이 보지 않는다. 오히려 광고 자체를 더 많이 찾아보는 편이다. 페이스북 같은 소셜미디어를 활용한 광고나 주위에서 화제가 되는 광고가 있으면 모두 찾아보고 있다."

창업자·CEO만으로 스타트업은 굴러가지 않는다

스타트업에서 일한다고 하면 많은 사람이 창업자부터 떠올린다. 네이버 하면 이해진, 카카오 하면 김범수, 쿠팡 하면 김범석, 엔씨소프트 하면 김택진을 생각하는 것과 마찬가지다. 스타트업을 꿈꾸는 많은 청년도 자신의 이름을 건 스타트업을 창업하고, CEO 뒤에 자신의 이름 석 자를 새기고 싶어 한다.

하지만 당연하게도 스타트업 창업자나 CEO보다 스타트업에서 녹을 먹고 사는 직원들이 훨씬 많다. 노대원 이사는 창업이나 CEO가 아니어도 스타트업에서 자신의 영역을 넓혀나갈 수 있다는 걸 보여주는 대표적인 사례이기도 하다.

Q 여러 스타트업에서 일했지만 그중에서도 젤라또랩에서 보낸 시간이 가장 길다. 몸담았던 스타트업 중에서는 블랭크코퍼레이션이 가장 유명하다. 두 회사에는 어떻게 합류하게 됐나.

A "첫 번째 창업했던 팀에서는 아이템을 세 번 정도 사업 전환했는데 다 망했다. 첫 팀은 정부지원 사업으로 시작했던 거고, 그다음 팀은 엑셀러레이터에서 투자를 받은 팀이었다. 그팀도 잘되지는 않았다. 스타트업에서 창업자, 공동창업자, 실무자 등으로 커리어를 계속 이어가고 있었는데, 몇 번 실패하다 보니 성공한 경험을 꼭 가져야겠다고 생각했다. 빠르게 성장하는 스타트업을 'J' 커브를 그린다고 하는데 그런 경험을 해야겠다고 생각했고, 마침 젤라또랩과 함께 일을 할 기회가 있었다. 팀 대표도 괜찮았고, 아이템도 괜찮다고 생각해서 합류를 결정하게 됐다."

Q 젤라또랩에서는 어떤 일을 맡았나.

A "젤라또랩은 초기 멤버로 합류했다. 6명이 있던 시절에 들어가서 60명이 된 시점에서 회사를 나왔다. 회사가 빠르게 성장하다 보니 직무가 정말 다양했다. 운영총괄, 데이터 분석, 일본사업 팀장까지도 맡았다. 너무 다방면으로 일하다 보니 내 커리어에서의 전문성이 어디 있는지 모호하기도 했다. 그

때 내 커리어를 세일즈할 수 있는 부분이 뭘지 고민하다가 아무래도 마케팅이 교집합이 가장 크다고 생각했다. 고객개발이나 운영총괄 경험도 있고, 소비자와의 접점에 대해서도 이해가 있으니까."

노대원 이사는 2017년 10월부터 2019년 10월까지 2년 동안 젤라또랩에서 일했다. 젤라또랩은 네일 제조 및 판매를 하는 회사로 네일 제품을 판매하는 젤라또팩토리와 전국 1만1000여 개 네일샵과 제휴한 네일아트 검색 플랫폼을 운영했었고, 현재는 브랜드엑스코퍼레이션에 매각됐다. 노대원 이사는 젤라또랩에서 자체 브랜드몰 구축과 운영, 각종 마케팅 프로젝트, 일본 진출 등을 담당했다.

Q 한창 성장할 때 젤라또랩을 나왔는데, 특별한 이유가 있었을까.

A "젤라또랩은 진짜 작고 동아리 같을 때부터 다녔다. 나중에는 회사가 커지면서 의사결정이 복잡해지고, 커뮤케이션 비용이 커진 때도 경험했다. 블랭크코퍼레이션으로 이직할 때는 내가 가진 마케터로서의 직무 전문성을 어떻게 살릴 수 있을지 고민했다. 블랭크가 당시 마케팅을 잘하는 회사로 자리잡고 있었다. 블랭크를 다니는 게 마케터로서 나의 브랜딩을 만드

는 데도 도움이 된다는 판단이었다.

이직을 할 때 나는 바로 다음에 하고 싶은 것보다 다음다음에 하고 싶은 게 뭔지 생각해보는 게 중요하다고 본다. 스타트업과 개인의 성장 속도가 다를 수밖에 없다. 잘 되는 회사는 개인의 성장 속도보다 빠르게 크고, 반대로 회사는 정체돼 있는데 개인만 성장할 수도 있다. 개인과 회사의 성장 속도가 조화를 이루면 오래 다닐 수 있겠지만 현실적으로는 쉽지 않다. 스타트업에서의 이직이란 이런 격차를 리셋하는 과정이라고 보면 된다."

Q 빠르게 성장하는 회사에서는 잠자코 가만히 있기만 해도 좋은 거 아닌가. 가만히 있어도 성장의 과실이 나에게 돌아올 텐데.

A "회사가 빠르게 성장하면 관리자 역할이 많이 필요해진다. 가장 이상적인 건 원래 회사에 있던 실무자들이 관리자로 성장해주는 것이다. 하지만 대부분 실패한다. 회사에서는 관리자 자리를 비워둘 수 없으니 외부에서 채용을 한다. 이렇게 되면 실무자 입장에서는 편해진다. 가만히 있으면 내 업무나 역할이 줄어들기 때문에 몸은 편해진다. 하지만 대신 내 성장은 그만큼 정체된다. 업무의 범위가 늘 비슷하게 유지되거나 새

로운 시도를 하지 못한다는 느낌이 든다면 정체된 것이다."

Q 블랭크에서는 어땠나. 2019년 12월부터 2020년 9월까지 10개월 동안 일했다.

A "블랭크는 200명 정도 있을 때 합류해서 비슷한 규모일 때 나왔다. 규모가 갖춰진 상태의 회사에 실무자로 들어가서 일한 셈이다. 아무래도 경력직이 많고, 주니어는 많지 않았다. 그렇다 보니 프로젝트를 끌고 갈 때 그만큼 이해관계도 복잡한 느낌이었다. 젤라또랩에서는 스타트업 특유의 몰입하는 분위기가 있었는데, 블랭크에서는 상대적으로 그런 느낌은 덜했다. 그래도 여러 프로젝트를 하며 마케터로서 성장하는 계기가 됐다.

블랭크에서 처음 마케팅을 맡은 브랜드가 'RBN'이라는 남성 건강기능식품이었다. 아무도 신경 안 쓰는 브랜드였는데 처음 들어왔으니 '맘대로 해봐'라며 맡겨준 거였다. 남성 건강기능식품 마케팅이 좀 약팔이 같은 느낌이 있었다. 말도 안 되는 효과나 효능을 광고하는 식. 나는 반대로 진정성 있게 다가가자고 생각했다. '하루는 효과가 없다. 대신 2주만 잘 드셔보면 다르다'는 식으로 크리에이티브를 만들어서 캠페인을 했다. 그게 상당히 효과가 좋았던 기억이다. 월매출 5000

만원에서 시작한 브랜드였는데 3억원까지 만들었다."

Q 블랭크에서 1년을 채우지 않고 지금 다니는 슬릭으로 자리를 옮겼다. 블랭크보다 회사도 작고 인지도도 높지 않은 회사였는데 이직을 결정한 이유가 뭔가.

A "사실 처음에는 블랭크를 나오고 창업을 하려고 생각 중이었다. 마케팅 에이전시나 작은 장사나 사업을 생각하고 있었다. 스타트업을 다시 하기보다는 내가 잘 먹고 잘살 수 있는 일을 해보자는 생각? 그런데 사실 그런 일은 지금이 아니어도 나중에 할 수 있다고 생각했다. 그리고 제가 아직도 결핍으로 남아 있는 게 있다. 젤라또랩이 완전히 성공한 회사는 되지 못했다. 그걸 제가 끝까지 책임지지도 못했고. 그래서 젤라또랩보다 더 크고 좋은 회사를 만들어보고 싶다는 욕망이 있었다. 그런 욕망을 해소하기에 블랭크는 이미 너무 큰 조직이었고, 내가 창업해서 처음부터 하기에는 리스크가 너무 컸다. 그런 걸충분히 할 수 있는 적당한 팀이 슬릭이었다. 슬릭은 30명 정도일 때 합류했다. 프리A 단계까지 투자를 받은 상태다."

슬릭은 운동서비스와 식단 큐레이션 서비스를 제공하는 헬스케어 스타트업이다. 노대원 이사는 2020년 9월부터 슬릭에 마케팅

총괄 이사로 합류해 일하고 있다.

여가시간은 없어도 돼… 내 시간을 내가 통제하는 게 중요

Q 스타트업이라고 하면 일과 생활이 분리되지 않는 모습이 제일 먼저 떠오른다. 실제 하루 일과가 궁금하다.

A "보통 오전 10시쯤 일어나서 11시 전에 출근한다. 회사 정규 근무시간은 오전 10시부터인데 자율근무제에 가깝다. 미팅이 있으면 빨리 나오는 식이다. 출근해서 오후 6시까지는 거의 미팅으로 일정이 채워져 있다. 직원들이 퇴근하면 저는 오후 7시부터 제가 실무자로서 해야 할 업무들을 시작한다. 보통 회사에서 오전 1시나 1시 반쯤 퇴근하고 집에 가서도 잔업을 조금 더 하는 편이다."

Q 평일에는 개인적인 시간을 거의 가지지 못할 것 같은데.

A "주말에는 1.5일 정도는 쉰다. 애인과 시간을 보내거나 부모님을 뵈러 가기도 한다. 0.5일 정도는 주말에도 일하는 편이다."

Q 흔히 말하는 워라밸이 무너진 삶 같은데.

A "워라밸에서 가장 중요한 요소는 '내가 일하는 시간을 내가 통제할 수 있느냐'라고 본다. 당연히 일은 엄청 많고 끊이지

않는다. 그렇다고 해서 내가 잡아둔 친구들과의 저녁약속을 갑자기 취소하거나 하지는 않는다. 그런 식으로 내 시간을 통제하지 못하는 게 문제다. 여가를 누릴 수 있는 시간이 상대적으로 엄청 적은 건 맞다. 이런 삶이 가능한 이유는 그 일이 삶에서 완전히 분리된 게 아니라 일을 통해서 얻을 수 있는 즐거움과 그 과정에서 받는 스트레스 자체가 적기 때문이다. 많이 쉰다고 좋은 게 아니다."

 일을 즐긴다는 게 쉬운 건 아니다.

"내 장점이자 단점인데 특정한 아이템에 관심이 큰 편이 아니다. 젤라또랩은 네일 스티커였고, 블랭크에서는 남성 건강기능식품과 주방식기 브랜드, 슬릭은 건강과 헬스케어 서비스를 제공한다. 모두 내가 소비자로서 관심을 가지는 분야나 브랜드는 아니다. 아이템을 중심에 놓고 일을 한다면 재미를 느끼거나 즐기기 어려웠을 것이다.

대신에 나는 '일' 자체를 좋아하는 편이다. 어떤 상품이나 서비스를 가지고 가설을 만들고 내 생각이 맞다는 걸 증명하는 게 즐겁다. 인프라를 만들고 시스템을 개발하고 하는 과정 자체가 즐거운 것이다. 이런 점 때문에 창업하기가 어려운 것 같긴 하다."

Q 스타트업을 다닐 수 있는 DNA가 따로 있는 것 같다는 생각도 든다. 여가시간을 포기하고 즐길 수 있는 일을 하는 게 쉬운 게 아니다.

A "우리나라처럼 인력시장이 정적이고 해고가 어려운 환경에서는 확실히 조금 더 위험을 감수하는 성향, 이른바 스타트업 DNA나 기질이 존재하는 것 같다. 공기업처럼 인프라나 시스템이 잘 갖춰진 곳은 본인의 일이나 성과 자체가 중요하지 않다는 생각이다. 일을 하다가 연차가 되면 자연스럽게 진급해서 과장이나 관리자가 될 수 있다. 하지만 스타트업은 변동성이 크다. 하루하루의 파동도 크고, 길게 봤을 때의 파동도 크다. 일이 없을 때는 가만히 있어서는 안 된다. 스스로 일을 찾아서 해야 하고, 일이 많을 때는 스트레스를 받지 않고 적당히 재밌게 즐기면서 할 수 있어야 한다. 이런 기질이 있어야 스타트업에서 잘할 수 있는 건 맞다."

Q 대기업을 간 친구들도 많을 텐데 스타트업의 삶을 부러워하나? 요즘 네이버, 카카오, 쿠팡, 배달의민족 같은 초대형 IT 기업은 많은 성과급이나 자사주 지급으로 화제가 되고 있는데.

A "아직까지 엑시트(스타트업의 투자금 회수)를 한 게 아니어서 부럽다는 말을 들어본 적은 없다. 내가 대기업 다니는 친구들

을 부러워한 적도 없고. 스타트업이라고 해서 연봉이 적은 건 아니다. 스타트업에서 연봉이 적은 단계는 주니어일 때다. 주니어들은 시장가치로 평가해서 연봉이 주어진다. 대기업이나 공기업의 주니어들은 시장가치보다 많은 돈을 받는 것이라고 본다. 그다음 단계가 지나서 숙련된 실무자나 관리자가 되면 스타트업에서도 적지 않은 돈을 받을 수 있다. 스톡옵션도 당연히 있다. 스타트업이 좋은 건 당장 받을 수 있는 현금성 보상뿐만 아니라 스톡옵션이나 지분처럼 자본이익을 얻을 기회가 있다는 점이다. 본인의 능력이 높아지고 커리어가 쌓이게 되면 연봉은 늘 수렴하게 돼 있다.

나의 시간을 내가 일하는 스타트업에 투자한다는 생각을 가져야 한다. 단순히 일하고 돈 받는다는 생각이 아니라 투자자의 관점을 가지라는 것이다. 이렇게 생각하면 이 스타트업이 얼마나 잘 성장할 수 있는지가 중요해진다."

Q 드라마 '스타트-업'이 화제가 되기도 했다. 드라마 속 스타트업과 현실의 스타트업은 많이 다를 텐데, 스타트업을 꿈꾸는 이들에게 해주고 싶은 조언이 있다면.

A "크게 두 가지가 필요하다.

첫째는 우선 조급해하지 않아야 한다. 구직시장에서 취준생

274

이라는 타이틀을 달게 되면 일할 곳을 찾느라 마음이 급해진다. 이런 경우, '내게 맞는' '잘 성장할 수 있는' 회사를 찾는데 충분한 고민과 노력 없이, 우연히 채용공고를 먼저 발견한 스타트업에서 커리어를 시작하게 되는 경우가 많다. 그런데 스타트업이라는 게 스펙트럼이 매우 다양하고 또 기업에대한 정보는 매우 제한적이다. 그곳에서 어떤 경험을 하고 어떻게 성장할지는 스타트업마다 천차만별이다. 단순히 면접에합격해 빨리 일할 수 있게 됐다고 해서 그 회사를 선택하지말고 그곳에서 무엇을 얻을 수 있을지, 커리어를 어떻게 가져갈지에 대해 구체적인 계획을 가져야 한다.

둘째는 투자자의 관점에서 스타트업을 바라봐야 한다. 스타트업은 돈과 시간을 필요로 한다. 취준생의 입장에서 스타트업에 제공할 수 있는 건 자신의 시간이다. 나의 시간을 내가일하는 스타트업에 투자한다는 생각을 가져야 한다. 단순히일하고 돈 받는다는 생각이 아니라 투자자의 관점을 가지라는 것이다. 이렇게 생각하면 이 스타트업이 얼마나 잘 성장할수 있는지가 중요해진다. 대기업이나 공기업처럼 어느 정도급여가 보장되고 정년도 보장되는 회사와 스타트업은 다르다. 스타트업에도 정규직이라는 개념이 있긴 하지만 사실 누구도 스타트업을 평생 직장으로 생각하지 않는다. 이 스타트업이 내게 무엇을 줄 수 있는지, 그리고 어느 정도 기간에 그 걸 얻을 수 있을지 구체적으로 고민해봐야 한다. 스타트업의 생활이라는 건 도전적인 삶이라는 걸 알아야 한다."

Q 스타트업 창업자가 아닌 스타트업 임원으로 필요한 스킬이 있다면?

A "슬릭에서 임원이 된 후에는 프로젝트를 함께 하는 팀원들에게 이 프로젝트의 필요성에 대해 공감시키는 역할이 커졌다. 실무적인 건 팀원들에게 좀 더 맡겨두는 편이다. 스타트업에서 임원이 되려면 결국 소프트스킬이라고 부르는 걸 키워야 한다. 팀원들을 비롯한 회사 내의 다른 사람들에게 프로젝트의 필요성을 공감하게 만들고, 모두가 비슷한 꿈을 꾸게 만들어줘야 한다."

Q 결국 임원의 역할은 소통인가.

A "팀원들 한 명 한 명과 커뮤니케이션을 많이 하려고 한다. 2주에 한 번씩은 '체크인'이라고 해서 일대일로 대화하는 시간을 가진다. 회사에 이런 이해관계가 존재한다고 설명해주고 팀원의 이해관계와 교집합을 만들어주려고 한다. 이런 걸 하면 너도 성장하고 회사도 더 나은 미래를 만들 수 있다고 설

득하는 시간이다. 이렇게 함께 그림을 그려나가고 있다. 일대일 체크인을 자주하고 개인별로 이해관계를 잘 파악하는 게 중요하다. 회사가 잘나갈 때는 커뮤니케이션이 투명하지 않아도 문제될 게 없지만, 프로젝트에 문제가 생기기 시작하면 커뮤니케이션 코스트가 프로젝트 자체에 큰 악영향을 주게 된다."

Q 공통 질문으로, '신입사원이 30대에 스타트업 임원이 되고 싶다면 ○○을 해야 한다'는 문장에서 ○○에 들어갈 말을 고른다면?

A "도전이라는 단어를 고르겠다. 조금 더 구체적으로는 '리스크 테이킹'이 아닐까. 커리어에서 압축적인 성장을 경험해야 다음 단계에 진입할 수 있다. 30대에 임원이 된다는 건 적당히 일하고 적당히 성장해서는 달성하기 어려운 목표다. 이 시간을 최대한 빨리 앞당기려면 망할 수 있는 위험을 한두 번은 감수해야 한다. 그 과정에서 생기는 위기와 괴로움을 빠른 성장을 위한 양분으로 삼을 수 있어야 한다. 이렇게 성장한다면 그다음 단계로 진입할 수 있다."

노대원 이사는 이번 책에서 인터뷰한 13명의 임원 중 나이가 가장 젊다. 유일한 90년대생이기도 하다. 우리가 만난 다른 임원들도 마찬가지지만 노대원 이사는 특히나 다음 도전, 새로운 목표에 목말라 있는 느낌이었다. 그에게 '슬릭'을 원하는 만큼 성장시킨 뒤에는 어떤 도전에 나설 거냐고 물었다.

"다시 창업하고 싶습니다."

노대원 이사의 답은 간단명료했다. 젤라또랩과 블랭크, 슬릭을 거치면서 스타트업 마케터로서 자신의 커리어를 확고하게 쌓았지만 그의 마음속에는 여전히 창업의 불씨가 남아 있었다. 대학생시절 실패했던 몇 차례 창업의 기억이 그에게 숙제처럼 남아 있는 것 같았다. 다시 출발선에 서는 게 두렵지 않냐고 물었다. 이번에도 답은 간단했다.

"캐시플로우를 보는 사업이 아니라 정말 좋은 사람들과 멋지고 위대한 회사를 만드는 게 제 꿈입니다."

누구와 어떤 아이템으로 사업을 하게 될지는 모른다. 지금은 창업이, 사업이 얼마나 힘들지도 잘 안다. 하지만 이런 이유들이 그가 선택을 주저하도록 만들지는 않을 것 같다. 10년 뒤, 한국의 젊은 임원들이 아니라 한국의 젊은 CEO들을 인터뷰한 책에서 노대원이라는 이름을 다시 만나게 될 것 같은 느낌이 들었다.

외국계기업 최연소 여성 임원은
왜 이금희 스토커가 됐을까
정태희 리박스컨설팅 대표

오래된 수제화 공장과 청년들로 북적거리는 힙한 카페가 공존하는 서울 성수동 골목. 컨설팅 회사와는 전혀 어울리지 않을 것 같은 이곳에 인사관리(HR) 컨설팅 서비스를 제공하는 '리박스컨설팅' 사무실이 자리잡고 있다.

리박스컨설팅은 30년 가까이 HR 업계에서 근무한 정태희 대표가 2018년 설립한 HR 전문 컨설팅 회사다. 정 대표는 1993년 미국계 건설사 벡텔을 시작으로 썬마이크로시스템즈 상무, GE코리아 전무, 콘티넨탈코리아 부사장 등을 거친 HR 전문가다. 2000년

대에 30대 여성으로 임원에 오른 입지전적인 인물이기도 하다.

때 이른 더위가 찾아왔던 지난 2021년 4월 중순 성수동의 리박
스컨설팅 사무실에서 정 대표를 만났다. SKV1센터 건물에 위치한
리박스컨설팅 사무실에 들어서자 이상한 나라에 발을 디딘 앨리
스가 된 기분이었다. 평범하기만 한 잿빛의 복도와 달리 리박스컨
설팅 사무실 안은 온갖 다양한 색채들이 방문객을 맞이한다. 문을
열면 바로 보이는 정면의 정원은 이곳이 6층인지 먼저 확인하게
만들 정도고, 벽마다 걸려 있는 힙한 액자들은 미술관인지 사무실
인지 어리둥절하게 했다. 그런 공간에서 열댓 명의 컨설턴트들이
자유롭게 오가며 일하고 있었다. 낯선 방문객을 가장 먼저 반기는
건 정 대표가 키우는 강아지였다. 강아지를 따라 사무실 안으로
발을 들이자 창가에서 일하고 있던 정 대표가 밝게 웃으며 방문객
을 반겼다.

🅠 리박스컨설팅이란 회사를 모르는 사람이 많을 것 같다. 회사
에 대해서 먼저 설명해달라.

🅐 "처음 듣는 사람들은 포장회사냐고 물어보기도 한다.(웃음)
우리는 전반적인 인사관리, 인사제도, 조직관리를 컨설팅해
주는 일을 한다. 헤드헌터냐고 물어보기도 하는데 그건 아니
다. 기업의 인사전략을 세워주는 일을 한다고 보면 된다. 회

사마다 인사팀이 있다. 우리는 회사 안에 있는 인사팀을 심폐
소생술로 살려주는 일을 한다. 한 기업의 대표와 인사팀이 머
리를 맞대도 해결되지 않는 문제가 있으면 우리를 찾아온다.
그러면 나를 비롯해 12명의 컨설턴트가 보름이면 보름, 한

달이면 한 달 이런 식으로 그 회사의 문제를 해결할 때까지 도와준다. 스타트업부터 대기업까지 다양한 기업들이 우리를 찾아온다. 대기업은 주로 새로운 인사 트렌드나 리더의 새로운 역할을 모색할 때 컨설팅을 받는다. 예컨대 넷플릭스의 기업 문화를 조명한 책 《규칙 없음》을 읽고, 거기 나온 제도나 시스템을 도입하고 싶다고 해서 그걸 한국 기업이 그대로 도입할 수는 없는 일이다. 이때 우리가 글로벌한 사례를 한국의 상황에 맞게 도입할 수 있도록 도와준다고 보면 된다."

Q 컨설팅 회사라고 하면 맥킨지나 베인, BCG(보스턴컨설팅그룹) 같은 글로벌 컨설팅 회사들이 먼저 생각난다. 리박스컨설팅도 글로벌 기업의 한국지사인가?

A "그렇게 생각하는 사람도 있다. 어느 헤드헌터를 통해 리박스컨설팅 대표가 됐냐고 묻는 사람도 있었다. 이 회사는 내가 세운 한국 회사다. 다만 나는 리박스컨설팅을 그냥 한국 회사가 아니라 '한국산 글로벌 컨설팅 기업'으로 정의한다. 한국인이 만들고 한국에 본사가 있지만 글로벌 프로젝트를 얼마든지 할 수 있기 때문이다. 실제로 싱가포르에 있는 기업의 인사 컨설팅도 해주고 있다. 내 목표는 리박스컨설팅을 아시아의 맥킨지로 키우는 거다. 한국에 최고의 인사전략 컨설팅

회사를 만들겠다고 했더니 글로벌 기업의 HR 담당자들이 많이 도와주기도 한다."

HR이 '홈룸'의 약자인 줄 알았던 인턴

Q 어떻게 HR 분야에 뛰어들게 된 건가. 처음부터 인사 업무에 관심을 가지고 준비를 한 건가?

A "전혀 아니다. 처음에는 HR(Human resources)이 무슨 단어의 약자인지도 몰랐다. 막연하게 홈룸인가 생각했을 정도다. 대학을 외국에서 나오고 한국으로 돌아와서 외국계 기업에 인턴으로 입사했다. 처음 들어간 회사가 미국계 건설사인 벡텔이란 회사였다. 인턴으로 들어가니 하는 일이 정말 단순했다. 복사하고 커피 나르는 게 다였다. 그런데 기왕 할거면 커피 나르는 일 하나라도 끝장나게 해보자고 생각했다.

당시만 해도 복사기 성능이 좋지 않아서 복사하면 글씨가 흐릿하게 나오는 게 많았다. 나는 복사한 서류를 놓고 일일이 펜으로 흐린 부분을 채워넣었다. 처음에는 상사들도 몰랐다. 그러다 내가 휴가 갔을 때 다른 계약직 직원이 흐리게 복사된 걸 그대로 가지고 갔다가 문제가 생겼다. 상사가 어떻게 복사했길래 네가 할 때는 괜찮았냐고 묻길래 'I wrote it(내가 썼다)'이라고 한마디했다. 그랬더니 그 뒤로는 나를 보는 눈이 달라

졌다. 커피를 나를 때도 그냥 찻잔만 들고 가는 게 아니라 찻
잔을 담은 쟁반에 색종이를 오려서 꽃처럼 장식하고 가져갔
다. 그렇게 하다 보니 회사 상사들이 내가 없으면 일하는 걸
힘들어하더라. 그렇게 인턴에서 정규직으로 전환이 됐다."

Q 남들이 허드렛일이라고 생각하는 걸 하더라도 끝장나게 해
보자고 생각한 건가? 얼핏 간단해 보이지만 마음먹기 쉽지
않은 일인데.

A "지금도 강연을 나가면 늘 하는 말이 있다. 그냥 열심히 일하
지 말고 순간을 매니지하라는 말이다. 어떤 일을 할 때 성장
의 걸림돌이 되는 건 자기 자신뿐이다. 자신감을 가지고 매
순간을 매니지하는 사람이 결국 이긴다고 생각한다."

Q 입사 후에 HR 업무를 맡게 된 건가? 대학 시절에 인사관리나
경영관리를 배운 적이 있나.

A "HR을 배우고 한 건 아니었다. 벡텔에서 처음 한 업무가 외국
인 직원들의 근로계약서를 만들어주는 업무였다. 벡텔코리아
직원 120명 중 80명이 외국인이었는데 그 사람들의 1년짜리
근로계약서를 내가 만들었다. 본사와 커뮤니케이션하면서 페
이롤도 담당했다. 그런데 HR을 배우고 하는 게 아니니까 어

려운 점이 많았다. 그래서 대한상공회의소에서 진행하는 인사담당자를 위한 실무수업 같은 것들을 찾아다니며 들었다. 그때 내가 받은 연봉이 1450만원 정도였다. 한 달 실수령액이 100만원도 안 됐던 걸로 기억하는데, 능률협회다 뭐다 강의 듣는 데 쓴 돈이 매달 45만원이었다. 인터넷도 제대로 안 되던 시절이었으니 발로 뛸 수밖에 없었다."

정 대표는 '뾰족함'이 드러나는 사례로 자신의 이력서를 언급했다. 정 대표가 한국에 돌아와 '취준생'이 됐을 때만 해도 이력서를 종이에 작성해서 우편으로 접수하는 게 일반적이었다. 서점이나 문구점에서 파는 일반적인 이력서 양식이 많았지만 정 대표는 이력서를 직접 만들었다. 지원하는 회사의 로고를 이력서에 넣기 위해서였다. 또 이력서를 접지 않고 대봉투에 넣어서 보냈다. 그렇게 외국계 기업 100곳에 지원서를 보냈고 처음 연락을 받은 벡텔에 입사한 것이다.

정 대표는 벡텔에 입사한 뒤로도 1~2년은 다른 회사에서 연락을 계속 받았다고 밝혔다. 벡텔에 입사하고 1년이 지나서 연락을 준 회사는 '당신 이력서를 버리는 게 아쉬워서 면접이라도 한 번 하고 싶다'고 했다고 한다. 이력서 하나도 남들과 다르게 정성을 들이는 것. 그것이 바로 정 대표가 이야기하는 '뾰족함'이다.

Q 벡텔에서 일하다 3년 차에 커민스로 회사를 옮겼다. 그곳에서도 계속 인사업무를 담당했나.

A "맞다. 대리급으로 이직했다. 커민스는 디젤엔진을 만드는 미국계 회사였는데 한국지사에는 아예 인사담당자가 없었다. 갔더니 대표가 성과관리 제도를 한번 직접 만들어보라고 지시했다. 이런저런 공부는 했지만 직접 성과관리 제도를 설계하라고 하니까 막막했다. 그래서 무작정 여의도에 있는 3M 한국지사를 찾아갔다. 당시만 해도 성과관리 분야의 최고로 3M, 나이키 같은 회사를 꼽았다.

3M 한국지사 사옥을 가서 안내원한테 구구절절 설명을 했다. 아주아주 까마득한 후배가 한 시간만 성과관리 비법을 배우고 싶어서 왔으니 3M 인사담당 상무에게 전달해달라고, 하루 종일 기다릴 수도 있다고 했는데, 3시간 뒤에 내려오겠다는 연락이 왔다. 3시간을 기다렸더니 정말 담당 상무가 내려왔다. 처음에는 잡상인처럼 보더니 설명을 듣고는 자기는 바쁘다며 부하직원을 시켜서 3M 성과관리 제도가 나와 있는 매뉴얼을 카피해서 줬다. 그걸 바탕으로 커민스에 맞는 성과관리 제도를 만들었다. 커민스 대표는 놀랐다. 당연히 못할 줄 알았는데 정말 해냈으니까. 그때 한번 승진했다."

Q 중소기업 대리가 대기업 상무를 무턱대고 찾아간 셈이다. 그런 당돌함이 있었기에 지금의 성과가 가능했다는 생각도 든다. 썬마이크로시스템즈로 이직한 것도 이런 성과 덕분이 아니었나.

A "썬마이크로시스템즈는 1990년대 후반 닷컴버블을 타고 엄청나게 성장하는 회사였다. 눈을 감고만 있어도 돈을 긁어모으는 그런 회사였다. 어느 날 헤드헌터가 연락을 줬는데 지금 바로 홍콩을 다녀오라고 했다. 썬마이크로시스템즈의 글로벌 디렉터가 홍콩에 있으니까 가서 인터뷰를 하고 오라는 거였다. 홍콩 오며 가며 하는 비용도 다 대줄 테니 그냥 갔다 오기만 하라고 했다. 커민스는 아무것도 모르는 나에게 많은 걸 할 수 있게 해주는 회사였지만, 회사에서 제공하는 비행기를 타고 홍콩으로 인터뷰 보러 가는 기회를 거절할 수는 없었다. 그렇게 가서 딱 3시간 면접하고 다시 한국에 왔다. 한국에 도착해서 썬마이크로시스템즈 한국법인 상무에게 연락했더니 월요일부터 출근하라고 했다. 연봉이 하루 만에 45%가 올랐다."

Q 엄청난 점프업이다. 당시 썬마이크로시스템즈는 지금으로 치면 구글 같은 회사가 아닌가. 각오도 남달랐을 것 같다.

A "좋은 것도 있었지만 부담도 컸다. 지금 한국으로 치면 우아

한형제들처럼 몇 년 사이 급성장하는 회사였다. 인프라도 없고 시스템도 없이 새로 만들어야 할 것들이 너무 많았다. 처음 합류할 당시 썬마이크로시스템즈 한국법인 직원이 120명이었는데 1년 안에 500명으로 직원을 늘린다고 했다. 조직이 4배 커지는데 인사담당자 입장에선 황무지에 던져진 느낌이었다. 밖에서 보이는 모습과 안에서 책임져야 하는 입장에서 느끼는 간극이 너무 컸다. 한국법인 직원 만족도가 전 세계 썬마이크로시스템즈에서 꼴찌이기도 했다. 사람들은 인사팀을 적대시하고, 업무량도 어마어마했다. 황무지에서 백지 상태에서 부딪히다 보니 자연스럽게 일하는 근육이 만들어진 것 같기도 하다."

다면평가 최하등급의 충격… 이금희 스토커가 되다

Q 급성장하는 스타트업을 '로켓에 탔다'고 많이 표현한다. 밖에서 보면 대단해 보이지만 막상 로켓 안에 타고 있는 사람들은 굉장히 힘들고 불안하다는 이야기를 많이 한다. 겉보기에는 화려하고 멋있어 보이지만 빠른 성장에 비해 조직이 변화하는 속도가 더뎌서 직원들의 불만이 커지는 게 아닐까 싶다.

A "맞다. 썬마이크로시스템즈도 글로벌하게는 빠르게 성장했지만 한국법인만 놓고 보면 업무만족도나 임금이 한국 IT 업계

288

에서 모두 꼴찌였다. 인사담당자로 일하면서 주말도 없이 보냈다. 그때 임신을 했는데 상사한테 임신했다고 말도 제대로 못하고 일할 정도였다. 좋은 건 아닌데 그렇게 일하면서 성장하는 계기가 되긴 했다.

대리로 입사해서 과장까지 승진했는데 담배회사인 BAT에서 2000년에 영입 제안이 왔다. 인사 업무를 오래 담당하다 보니 내가 약한 부분이 보였다. 보상과 관련한 역량이 그랬는데 마침 BAT아시아에서 그쪽 파트가 비어 있었다. 영국에서 3주 동안 연수도 받을 수 있어서 이직하게 됐다. 그런데 BAT로 옮긴 뒤에도 썬마이크로시스템즈에서 계속 다시 돌아오라는 연락이 왔다. 한두 달이 아니라 7~8개월 동안 계속 연락이 왔고, 결국은 다시 돌아가기로 했다. 그게 2001년의 일이다."

Q 이때 처음으로 임원을 달았다. 퇴사했다가 재입사한 회사에서 곧바로 임원을 다는 일이 흔하지는 않은 것 같다.

A "썬마이크로시스템즈에 돌아가면서 부장 직급을 달았다. 과장으로 퇴사했는데 몇 달 만에 부장으로 재입사한 셈이다. 그리고 부장으로 재입사하고 두어 달 뒤에 처음으로 이사를 달았다. 회사에서 '너만 한 사람이 없으니 총괄을 맡으라'고 했

다. 시간적으로만 보면 과장에서 이사를 달기까지 불과 8개월 정도밖에 걸리지 않았다. 내 커리어에서 모멘텀이었다. 외국계 기업이라고 해도 이례적인 일이었다. 이때 미디어에 최연소 임원, 최연소 여성 임원. 이런 타이틀을 달고 많이 소개되기도 했다.

임원이 되고 제일 먼저 했던 건 본사를 찾아가서 한국법인 직원들의 평균 연봉을 45% 올린 일이었다. 너무 근무조건이 열악하다고 본사를 찾아가서 설득했다. 나중에는 썬마이크로시스템즈 전체에서 한국법인 직원만족도가 1위를 하기도 했다."

정태희 대표의 이야기를 듣다 보면 물 흐르듯 자연스럽게 하나에서 둘로, 다시 둘에서 셋으로 이어진다. 마치 큰 어려움 없이 자연스럽게 임원으로, 다시 대표로 한 걸음 한 걸음 옮긴 것 같은 느낌이다. 하지만 최고의 HR 전문가로 손꼽히는 정 대표에게도 혹독한 평가, 냉정한 시선은 피할 수 없었다.

Q 썬마이크로시스템즈의 최연소 임원이 됐지만 처음부터 모든 게 잘 풀리지는 않았다. 다면평가에서 최하등급을 받은 적이 있다고 들었다. 어떻게 된 일인가?

A "처음에는 분노를 참지 못하고 사직서를 내려고 했다. 사람들

이 나를 시기, 질투한다고만 생각했다. 그때 여러 멘토가 나를 잡아줬다. 그러면서 멘토들로부터 '너는 일은 잘하지만 관계를 만들어나가는 데 서툴다'는 평가를 받았다. 전문 코치에게 상담도 받았다. 역시나 내가 사람을 대할 때 진정성 있는 반응이 약하다는 평가를 받았다. 왜 그럴까 한참 고민했다. 내 나름의 결론은 너무 어린 나이에 리더로 일하고, 나이 많은 사람들과 일하다 보니 나도 모르게 '완벽주의 카리스마'를 나의 모습으로 설정했다는 것이었다. 없는 것도 있는 척하고, 완벽한 척하고, 아는 척하는 모습을 보여주려고 애써 노력해 왔던 것이다. 어린 나이에 일 잘하고 많은 성과를 내는 사람들과 어깨를 나란히 하려다 보니 내가 모르는 것, 못 하는 것이 드러날까봐 두려웠던 것이다. 그러다 보니 함께 일하는 사람들과 관계를 맺는 데 문제가 생겼다."

🅀 내가 생각하는 나의 본모습과 동료들이 바라보는 나의 모습이 완전히 일치할 수는 없지 않나. 그 차이를 줄이기 위한 노력이 필요했던 걸까.

🅐 "내가 빨리 승진하니까 주위에서는 '정태희는 야망 있다' '윗사람에게만 잘한다' '센 사람이다' 이런 평가가 많았다. 나는 이런 반응이 시기, 질투라고만 생각했다. 그런데 멘토나 코

치와 이야기를 해보니 나의 관계 맺기에 문제가 있었다는 걸 알게 된 거다. 사람과 대화할 때 웃지 않아야 할 타이밍에 웃고, 웃어야 할 때는 안 웃고. 그러다 보니 내게 적대감을 가진 사람도 생긴 거다. 고성과자들이 다들 비슷할 텐데, 업무가 쏟아지면 그걸 한꺼번에 다 해야 한다는 마음이 있다. 이메일에 답을 하고 있을 때 부하직원이 사무실에 들어오면 쳐다도 보지 않고 다 듣고 있으니까 말하라고 하는 식이다. 아주 단순한 눈빛 교환만으로도 관계맺기가 가능한데, 그런 부분에서 내가 근육이 없었다."

Q 어떻게 해결했나. 문제를 인정하는 것도 쉽지 않지만, 그걸 인정하고 고치는 건 더 어려운 일인데.

A "인사업무를 하는 선배에게 물어봤더니 공감 능력이 부족한 건 인사담당자로 치명적인 결함이라고 했다. 어떻게 해야 할지 조언을 구하니 방송인 이금희를 연구해보라고 했다. 그때부터 이금희의 스토커가 됐다. 아침마당에 나와서 이금희가 게스트나 패널과 대화하는 걸 매일 봤다. 이금희는 대화할 때 상대방의 눈에서 시선을 떼지 않더라. 그리고 상대가 무슨 말을 하면 꼭 반복해서 맞장구를 쳤다. 배고프다고 하면 '배가 고프구나' 하고, 힘들다고 하면 '힘들구나' 하고 상대방의 말

을 받아줬다. 이걸 보고 '아하!' 하는 느낌표가 왔다. 내 딴에는 부하직원이나 동료들을 이해한다고 생각했지만 사실은 아니었던 거다. 그걸 깨달았다."

Q 결국 변화에 성공했나.

A "썬마이크로시스템즈에서도, 그리고 그 뒤에 GE코리아로 회사를 옮긴 뒤에도 성공하지 못했다고 본다. 역시나 계속 아닌 척을 했을 뿐이다. 사람이 쉽게 바뀌는 건 아니니까. 그걸 알면서도 계속 노력하는 게 중요한 것 같다. 썬마이크로시스템즈에서 2010년까지 일하고 GE코리아 인사총괄전무로 자리를 옮겼다. 2016년까지 GE에서 일했다. 그때는 새장 안에 갇힌 새처럼 일했다. GE가 어려워지던 시기라 사람들도 많이 잘렸다. 회사 안에서 음모론처럼 떠도는 이야기도 많았고. GE를 그만두기 1년 전에 어머니가 돌아가셨다. 삶이라는 게 영원한 줄 알았고, 나에게는 불행도 없을 줄 알았는데 어머니의 죽음을 보고 내 삶의 하프라이프(Half-life)를 리셋했다. 영원한 건 없다는 걸 알았고, 잘 사는 것보다 잘 죽는 것이 중요하다는 걸 깨달았다.

GE를 그만두고 콘티넨탈코리아로 옮기기까지 8개월의 휴식시간을 가졌다. 직장생활을 하면서 휴가를 제대로 낸 적이 그때까지 없었는데 처음으로 길게 쉬면서 나와 만나는 시간을 가졌다. 그러면서 내가 하는 일에 대해서도 다시 한 번 재정의할 수 있었다. 그때까지는 HR을 인적자원(Human resources)으로만 여겼는데, R을 자원이 아닌 존중(Respect)으로 받아들인 것도 이때였다. 내가 걸어온 HR의 길에서 앞으로 뭘 더 할 수 있을지, 뭘 더 해야 할지 고민하고 정의 내린 시간이었다."

정태희 대표가 합류한 콘티넨탈은 독일계 회사였다. 그동안 일한 벡텔, 커민스, 썬마이크로시스템즈, BAT는 영미권 회사였는데 처음으로 유럽계 회사에서 일하게 된 것이었다. HR을 'Human Respect'로 부르는 것도 콘티넨탈에서 처음 접했다. 콘티넨탈차이나에서 면접을 볼 때 면접관의 명함에 HR을 'Human Respect'로 표현해놓은 것을 보고 '바로 이 회사야'라는 생각이 들었다고 한다. 리박스컨설팅 사무실이 딱딱하고 천편일률적인 분위기를 탈피해서 미술관이나 카페, 쉼터처럼 꾸며놓은 것도 직원들을 Respect하기 때문이라는 게 정 대표의 설명이었다.

나에 대한 입소문, 나의 브랜드를 매순간 관리하라
인터뷰를 하는 임원들에게 공통적으로 물어보는 질문이다.

'신입사원이 30대에 임원이 되고 싶다면 ○○을 해야 한다'
는 문장에서 ○○에 들어갈 말을 고른다면?

A "'순간을 관리'하라는 말을 고르겠다. 사람을 만나는 순간, 책
을 읽는 순간, 쉬는 순간, 일을 하는 순간. 이 모든 순간이 모
여서 나의 커리어와 나에 대한 입소문, 그리고 나의 브랜드
가 된다. 원대한 꿈을 가질 필요는 없다. 오히려 매순간 만나
는 사람에게 올인해야 한다. 그러면 그 상대방이 나를 나쁘
게 생각할 리가 없다. 컨설팅은 디테일이다. 모든 것을 쪼개
고 또 쪼개면 컨설팅이 된다. 거대한 담론을 이야기하지 말고
현실적인 부분에 집중해야 한다. 나와 함께 있는 사람이 무엇
을 불편해하는지 고민하는 것부터가 시작이다. 우리 회사에
선 '일밀구'라는 말을 쓴다. 하루에 밀도 있는 일을 9시간 이
상 하지 말자는 뜻이다. 이 정도로 순간에 집중하면 9시간 이
상 올인할 수 없으니 나머지 시간은 쉬면서 보내도 된다."

Q 이직은 많은 직장인의 고민이자 관심사다. 이직을 여러 번 하
면서 커리어를 쌓은 HR 전문가의 입장에서 이직에 대한 조언
을 해준다면.

A "내가 배울 수 있는 게 있다면 이직을 해야 한다. 좋은 회사냐
나쁜 회사냐는 중요한 게 아니다. 커리어의 주인공은 자기자

신이다. 내가 나의 커리어를 만들어가야 한다. 커리어 엔드값
(최종 목표)을 스스로 설정하고 그 엔드값에 맞춰서 나의 커
리어를 채워나가는 것이다. 빨리 갈 수 있으면 빨리 가고, 아
주 밀도 있게 채워나가야 한다. 시간을 아낄 수 있으면 아끼
고, 입소문도 관리해야 한다. 결국 카더라가 진실이 되기 마
련이다. 서류 복사 하나를 하더라도 '쟤 대단하네' 이런 소리
가 나오게 해야 한다."

Q 30년 전으로 돌아갈 수 있다면 지난 커리어에서 고치고 싶은
게 있나.

A "인사담당자로만 살지는 않았을 것 같다. 마케팅이나 영업도
해보고 싶다. 더 다양한 일을 경험해봤다면 지금보다 훌륭한
인사담당자가 됐을 것 같다는 생각을 한다. 창업한 지 3년이
됐다. 콘티넨탈 부사장 시절에는 창업가 정신을 가지라는 말
을 했는데, 이제는 후회한다. 아무나 하는 게 아니다. 고객의
지갑을 열게 만드는 게 얼마나 힘든 일인지 깨닫고 있다. 이
런 걸 더 어린 시절에 알았다면 인사담당자로서도 현실적인
조언을 해줄 수 있지 않았을까 생각한다. 사무실 안에만 있는
다고 좋은 인사담당자가 될 수는 없다. HR이라는 건 결국 사
람의 라이프사이클을 서포트하는 일이다. 사무실 밖에서 여러

사람을 만나봐야 한다. 그동안은 인사전략가로 살았다면 이제는 인사행정가가 되려고 노력한다. 문서를 이메일로 보내는 것보다 직접 가지고가서 한번 웃어주면 더 좋은데. 이런 걸 너무 많은 시간이 지나고서야 깨달은 것 같은 느낌도 있다."

Q 임원이 되려면 엄청난 업무강도를 견뎌야 한다는 게 사실인가. '워라밸'이 중요한 가치가 됐는데 임원의 삶과 워라밸이 양립할 수 있다고 생각하는지 궁금하다.

A "내가 제일 싫어하는 질문이 있다. '잘하는 걸 해야 할까요, 좋아하는 걸 해야 할까요'라는 질문이다. 이런 질문은 존재할 수 없다. 내가 잘하니까 좋아하는 거다. '나는 이 일을 잘하지는 않지만 재밌어요'라고 말한다면 그건 내 마음속에 자신감이 있기 때문이다. 좋아하는 일이라면 잘할 수밖에 없다. 어떤 일이든 밀도 있게 끝장을 보지 않으면 전문가가 될 수 없다. 그런 면에서 보면 '워라밸'이라는 건 성립할 수 없는 말이다. 일을 하면서 때로는 쉴 때도 있고 때로는 끝장을 보기 위해 달려들 때도 있는 거다. 이건 내 일이지 남의 일이 아니다. 회사는 남의 것이지만 직업은 내 것이다. 사회에서 워라밸을 이야기하든 말든 내가 하고 싶은 만큼 일을 하면 된다. 결국 모든 건 자기 이미지, 자기 브랜드로 연결된다. 그럭저

럭 일하면 그럭저럭 연봉받는 사람이 되는 거고, 자기가 맡은 일을 뽀개고 찢을 정도로 성과를 내면 그만큼의 연봉을 받는 사람이 되는 것이다. '워라밸'이라는 언어유희에 놀아나지 않았으면 좋겠다."

인턴으로 처음 사회에 발을 내디뎠을 때는 HR의 'H'도 'R'도 제대로 몰랐던 정태희 대표는 매순간 나의 이름, 나의 존재를 뾰족하게 세상에 보여주겠다는 각오로 일했고, 30년 가까운 시간이 지난 지금은 한국을 대표하는 HR 전문가가 됐다. 성과관리시스템 매뉴얼을 공부하려고 3M 사무실을 무턱대고 찾아갔던 20대 대리는 이제 글로벌 기업의 인사전략을 컨설팅해주는 회사의 대표가 됐다. 정 대표는 2017년 글로벌 HRD 회의(Global HRD Congress)에서 가장 영향력 있는 글로벌 톱 100 HR 전문가로 선정되기도 했다.

정 대표는 이제 HR을 'Human resources'로 부르지 않는다. 그에게 HR은 사람을 존중하고 존경하는 마음을 표현하는 하나의 방법이다. R은 존중(Respect)으로 진화했고, 이제는 다른 기업들에 직원들을 존중하고 존경하는 방법을 알려주는 전도사 역할을 하고 있다. 정 대표는 어머니의 죽음을 계기로 자신의 하프라이프를 재정립했다고 했다. 마지막으로 정 대표에게 물었다. 30대 초반의 나이에 임원의 자리에 오르고 수십 년을 HR 전문가로 활동한 당신의 남은 인생의 과업은 무엇이냐고. 정 대표는 가만히 고민하다 대답했다.

"최연소 임원을 할 때도, 최연소 부사장을 할 때도 행복하지 않았어요. 가만히 보니까 내가 제일 좋아하는 건 돈이나 승진보다도 내 앞에 있는 사람이 내게 '고맙습니다' 하고 말해주는 거였어요. 그래서 이제는 남은 인생을 '고맙습니다' '감사합니다'라는 말을 들으면서 살아야겠다고 생각했어요. 그게 제가 찾은 하프라이프입니다."

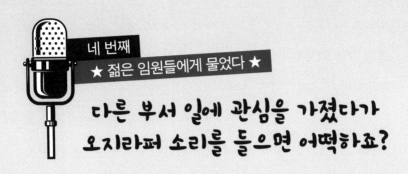

다른 부서 일에 관심을 가졌다가 오지라퍼 소리를 들으면 어떡하죠?

'사일로(silo)'라는 말이 있다. 원래는 곡식을 저장해두는 원통형 모양의 독립된 창고를 뜻하는 용어다. 하지만 요즘에는 기업 경영에서 더 자주 쓰이는 말이다. 한 기업이나 조직의 여러 부서가 사일로처럼 다른 부서와 담을 쌓고 자기 부서의 이익만 추구하는 현상을 '사일로 효과'라고 부른다.

사일로 효과는 변화가 빠르고 예측 불가능한 현대 사회에서 기업의 효율성을 떨어뜨리는 주범으로 꼽힌다. 《스패닝 사일로》라는 책을 쓴 세계적인 마케팅 구루 데이비드 아커 교수는 사일로가

기업의 비효율과 자원 소모, 브랜드 이미지 악화를 부른다고 지적했다. 아커 교수는 부서 간의 담을 허물고 적극적인 의사소통을 장려해야 시장의 변화에 빠르고 효과적으로 대응할 수 있다고 말한다.

한국의 젊은 임원들은 경험을 통해 이 사실을 깨닫고 있었다. 이들은 '사일로 효과' 같은 전문적인 용어를 쓰지 않았지만 한결같이 다른 부서, 다른 직원이 지금 무슨 일을 하는지 관심을 가지고 소통해야 한다고 했다. 현장의 경험이 세계적인 석학의 연구결과를 뒷받침한 셈이다.

김세호 쌍방울 대표는 영업사원으로 오랜 시간 활동했다. 영업은 현장에서 뛰어다니는 일이라는 이미지가 강한데, 김세호 대표는 본사에서 근무하는 IR 담당자를 종종 찾아갔다고 했다. 영업사원이 왜 IR 담당자를 만난 걸까. 김세호 대표가 영업사원일 때 맡은 업무 중에 하나가 주주총회 시즌마다 주주들을 찾아가 위임장을 받는 일이었는데, 그는 "내가 회사에 대해 제대로 알고 있어야 주주들에게 위임장을 받는 일도 잘할 수 있다고 생각했다"고 말했다. 회사에서 시키는 대로 움직이는 게 아니라 스스로 회사에 대해 공부하고 알아보면서 충분히 이해가 된 뒤에야 주주들을 만나러 간 것이다. 내가 다니는 회사에 대해 공부하는 그 마음이 영업사원 김세호를 대표로 만든 게 아닐까.

'내 부서' '내 일'뿐만 아니라 '다른 부서' '다른 일'에도 관심을 가지고 계속 들여다보는 건 젊은 나이에 임원의 자리에 오른 이들의 공통점 중 하나다. 류영준 카카오페이 대표는 "개발뿐만 아니라 기획, 인사, 디자인 등 다른 부서는 어떤 일을 하는지 궁금해서 직접 찾아가 물어보기도 하고 일부러 친하게 지내기도 했다"며 "재미삼아 경영이나 인문, 디자인, 재무와 관련된 책들도 읽어뒀는데 결국 다 도움이 됐다"고 말했다. 그는 "나중에 경영자가 될지도 모른다고 생각했다"고 했는데 그 말대로 류영준 대표는 굴지의 IT 기업을 이끄는 대표가 됐다.

이인섭 상상인저축은행 대표도 신입사원 때를 돌아보며 "틈만 나면 이 부서, 저 부서 돌아다니면서 술 사달라고 하고 다녔다"고 했다. 다른 부서 선배들과도 술잔을 기울이면서 친해지고 업무를 물어본 덕분에 여러 분야의 업무를 두루 익힐 수 있었다고 한다.

80년대생으로 LG전자 임원이 된 김수연 상무는 디자이너로 근무하다 MBA를 다녀온 경험을 커리어의 터닝포인트로 꼽았다. 디자이너로 일할 때는 생산이나 영업 같은 영역은 다른 부서의 일로만 치부했다고 한다. 그러다 MBA를 하면서 마케팅과 생산관리, 리더십, 회계 등 경영 전반의 관점으로 디자인 업무도 새로 보게 됐다고 한다. 김수연 상무는 "그때 배운 지식 덕분에 디자인 작업을 할 때 사업부와 협의하거나 의사결정 포인트도 훨씬 빠르게 파악할 수 있게 됐다"며 "디자인 입장에서 선택과 집중하는 사고 방법을 키운 계기가 됐다"고 했다.

유기숙 한국씨티은행 전무는 이걸 조금 다른 식으로 표현했다. 이른바 '보스의 책상을 궁금해하라'는 말이다. 그는 보스가 무슨 일을 하고 있는지, 보스의 하루는 어떤지, 내가 준 보고서로 보스는 어떤 의사결정을 하는지 늘 궁금해해야 한다고 했다. 이런 호기심이 나중에 내가 임원이 됐을 때 업무를 더 신속하고 정확하게 처리하는 데 도움을 준다는 것이다.

질문으로 돌아가보자. 다른 부서 일에 관심을 가졌다가 오지라퍼 소리를 들으면 어떡하냐고? 오지라퍼 소리를 칭찬으로 여기면 된다. 정민영 네이버 책임리더는 호기심과 탐구심을 성공의 비결로 꼽았다.

"빠르게 성장하거나 뛰어난 성과를 낸 사람들은 호기심이 많은 사람들이다."

이 말을 기억하고 오지라퍼가 되는 걸 두려워하지 말자.